U0928558

领导

这样点燃你的下属

Leadership

孟广桥◎著

中华工商联合出版社

图书在版编目（CIP）数据

领导这样点燃你的下属/孟广桥著．—北京：中华工商联合出版社，2018.5

ISBN 978-7-5158-2264-8

Ⅰ．①领… Ⅱ．①孟… Ⅲ．①领导学—通俗读物 Ⅳ．①C933－49

中国版本图书馆 CIP 数据核字（2018）第 068166 号

领导这样点燃你的下属

作　　者：孟广桥
责任编辑：于建廷　效慧辉
责任审读：郭敬梅
封面设计：久品轩
责任印制：迈致红
出版发行：中华工商联合出版社有限责任公司
印　　刷：北京旭丰源印刷技术有限公司
版　　次：2018 年 7 月第 1 版
印　　次：2018 年 7 月第 1 次印刷
开　　本：880mm × 1230mm　1/32
字　　数：182 千字
印　　张：8.75
书　　号：ISBN 978-7-5158-2264-8
定　　价：76.00 元

服务热线：010—58301130
团购热线：010—58302813
地址邮编：北京市西城区西环广场 A 座 19—20 层，100044
http：//www.chgslcbs.cn
E-mail：cicap1202@sina.com（营销中心）
E-mail：gslzbs@sina.com（总编室）

导读

谁才是员工积极主动工作的推动者？用何种方式让员工积极主动，且充满激情地工作？为此，我们进行了十几年的调查、研究、探讨和实践，最终看到了曙光，发现了真相——领导者。

那么，领导者如何才能启发员工积极主动地工作呢？我们将其汇总成基础、方法、环境三个观点，用三个部分进行分析、解读。

上篇，以基础原理的探究开始，从解析人性入手，通过引导领导者正确认知人的本性、认知自我、掌握心心相通的方法，为赢得信赖打下基础。

中篇，注重可操作性，讨论了六大经众多领导者实践、验证的启发积极主动的有效方法，给领导者实施启发提供指导。

下篇，围绕影响积极主动的环境，从营造氛围入手，探讨积极主动习惯的养成、改变心智模式的方法、培育积极主动环境的措施、搜寻积极主动的基因等系统构建要素，进一步明确从组织系统的角度，促使启发主动目的的达成方法。

全书共十一章，理论通俗易懂，方法翔实实用、可操作性强，对领导者启发员工的积极主动性有极强的指导和帮助作用。

序言

卓越领导者应具备启发员工主动性的智慧

员工工作的积极性，决定着企业的整体效能，而效能又影响着企业的兴盛衰亡，彰显企业的活力。毫不夸张地说，提高员工的积极性是改善企业效益、增强企业竞争力的一剂灵丹妙药。那么，是何种因素制约、影响着员工积极性的形成呢？为了探寻其根蒂，我们进行了不懈的探索。

是薪酬水平吗？早在两千多年前，著名史学家、文学家司马迁就在《史记》第一百二十九章“货殖列传”中，给出了一个答案：“天下熙熙，皆为利来；天下攘攘，皆为利往。”此观点在人的思想中可谓根深蒂固，直到现在，一些管理者仍然深信不疑。然而，研究的结果及企业管理的实践并不完全支持这一论点。

一方面，没有哪家企业的经验充分证明，单纯地提高薪酬待遇能够持续调动员工工作的积极性（且不说人力成本是否能支持）。相反，至少我们能找到若干薪酬水平不高，但员工积极性很高的企业，如海尔、沃尔玛、黄骅信誉楼等公司。美国心理学家赫茨伯格于 1959 年提出的双因素理论证明了该结果。该理论认为工资报酬、工作条件、劳动保护、福利待遇、安全措施等只是保健因素，这些因素皆为维护员工心理健康和不受挫折的必要条件，故称为维持因素，不能直接起激励的作用，只能消除人们的不满，但不会带来满意感。

另一方面，抽样调查的结果也不能证明薪酬是持续调动员工积极性的决定因素。几年中，我们先后进行了六次抽样调查，每次都是在同一行业、同一岗位、同一地域、同一所有权性质、同一主动性评价标准的条件下执行，选择不少于三家企业的 100 名员工，进行薪酬水平与工作主动性表现对比分析。结果显示，薪酬水平的高低与工作主动性没有必然的关联。

是绩效考评拉动吗？绩效管理的初衷是调动员工的积极性，提高企业效率，但是 70% 以上的企业，没能实现绩效管理的初衷，将本能激发员工积极性的绩效管理带进了造就“经济人”的死胡同。员工为了能挣得更多的报酬，被迫机械加速工作，精神单调、紧张，成了“活机器”，失去了主动性、创造性。1924 年—1932 年，由美国哈佛大学教授梅奥主持的，在美国芝加哥郊外的西方电器公司霍桑工厂所进行的一系列实验（霍桑实验），证实工人不是只受金钱刺激的“经济人”。通过观察分析实施绩效管理的企业，我们发现在实施绩效管理的初期，能够调动员工的积极性，但经过一段时间后，绩效管理便成了形式或摆设。另外，还发现实施绩效管理大多是“打铁的挑子”，老板、高层热，中基层、员工冷，对于考核、评价大多是得过且过、敷衍了事。

是工作环境或制度管理体系吗？我们选择了几十家企业进行观察、调查分析，结果同薪酬、绩效考评一样，令人失望。它仍然不是影响员工工作积极性的关键因素。

声明一下，我们并不是否定这些对企业管理的重要作用，我们是在寻找真正影响人积极主动性的态度因素。

令人欣喜的是调查、研究中有了这样的发现：

持续提升人工作主动性的因素不是薪酬，而是对其价值评价的客观性；

绩效考核有短时的激励作用，而主动的持续性取决于是否公平；

知识越丰富，学习欲望越强的员工，更容易激发主动性；

当企业愿景与员工职业生涯规划有共振时，员工会有更高的主动性；

领导者的魅力能使更多的人愿意追随，并主动执行其指令；

当员工感受到被尊重时，愿意用努力工作作为回报；

对员工关心能赢得工作的主动性；

肯定与赞美对调动人的积极性甚至超过物质刺激；

信任给予了员工积极主动展示自我价值的机会；

在积极的环境中，不主动会让人难为情；

有主人翁的感觉时，便会产生主人翁的行为；

没有主动性基因的人，再大的努力也收效甚微。

分析这些发现，让我们将启发员工积极主动态度的影响因素，聚集到了一个焦点——领导者，因为其与这些因素有着至关紧密的联系。针对这一情况，当我们再次走进企业，考察员工的主动性与领导者的关联时，得到的答案几乎全部是肯定，这让参与调查的伙伴们欣喜若狂，几年的努力终于找到了答案。至此，我们有理由相信：领导者是启发员工积极主动性的关键，只要方法得当，启发员工积极主动工作的问题便可迎刃而解。

那么，领导者需要具备什么样的智慧、方法，才能实现启发员工积极主动工作的愿望呢？对此，我们分析了马云、刘强东、曹德旺、董明珠、马化腾等三十多位成功企业家的行为与启发员工积极主动性的关联程度，研究其什么样的行为才能影响员工的工作态度。另外，我们还对三百多名基层领导者的行为与下属人员的积极主动程度的状况以问卷、访谈等形式进行调查，对影响员工积极主动态度因素进行了广泛调查。汇总、研究这些资料，我们发现能够以良好的效果启发员工积极主动工作的领导者具备如下智慧特征：

（1）能懂人。能够客观认识人的思维与行为，不以自我的态度或信念评价人；能够从人本性的角度理解人，不固执己见、我行我素，善于从对方的角度思考和处理问题，关注对方关切的；能与他人进行高效能的沟通，实现信息、理念的无障碍传递。

（2）能感人。他们善于抓住任何机会肯定、赞美部属，支持部属所有有益于完成任务、实现团队梦想的行为；真诚并发自肺腑地爱、关心与尊重每一个人；主动承担责任，从不诿过，在必要时承担本不属于自己的责任；善于倾听意见、建议，不独断专行；信任部属，充分授权，不自作聪明地干预部属的工作；公平、公正行事，客观评价部属价值，并能最大限度地按付出给予部属回报，不独享成果。

（3）能聚人。能结合人的社会性属性，充分利用组织愿景、团队目标激励人，将个人发展同组织发展进行绑定结合，实现共同成长，共享成果；善用学习改变态度的原理构建学习型组织，营造学习氛围；能够根据人的本性培养其积极主动的习惯。

（4）能识人。他们会采用多种方式说服、感化部属，但也绝不会容忍冥顽不化、信念相左而又不屈从的人；他们能够辨识、比对人，将适合者拉上车。

本书根据领导者应具备的启发员工积极主动的智慧特征，详细分析和探讨了具备这些智慧，需要进行的自我修炼，应掌握的方法、技巧及常用工具。工欲善其事，必先利其器。愿领导们能从中吸取有益的营养，通过实践得到真知和启示。

目录

导读

序言

上篇　愿跟你干，是感觉到被懂得

第一章　启发员工主动性的前提：知晓人性 / 005

第一节　谁在主宰员工的行为 / 009

第二节　员工的价值观："孤独的心秤" / 015

第三节　员工的潜能期待被唤醒 / 024

第四节　少在难以改变的地方费功夫 / 032

第二章　改变他人必须认知自我 / 037

第一节　领导行为的最大障碍：不善知己 / 039

第二节　领导者如何才能认知自我 / 043

第三节 领导者自我认知上的错误 / 051

第三章 沟通：填平心灵的间隙 / 055
第一节 要精准理解沟通 / 058
第二节 什么影响了领导者与员工的沟通效果 / 061
第三节 高效沟通的基本原则 / 066
第四节 终极的沟通目标 / 072

中篇 启发员工主动性的根本法则：感受价值

第四章 启发主动性，打开信念的枷锁 / 085
第一节 什么是企业人的“信念” / 087
第二节 信念的力量 / 093
第三节 如何打破员工信念的枷锁 / 096

第五章 培育激发员工行动力的梦想 / 105
第一节 帮员工筑梦：不应被淡化的领导职能 / 109
第二节 培育员工梦想的三步曲 / 116
第三节 规划员工的职业生涯 / 121

第六章 领导者应该明示并放大期待 / 125
第一节 领导者应清楚自己真正的期待 / 127
第二节 领导者要发自肺腑地肯定期待 / 131
第三节 永远不要否定 / 135

第七章 释放动能的利器：放权 / 139
第一节 领导者为什么要留恋权力 / 142
第二节 让员工积极起来的利器：放权 / 145

第三节　领导者要明晰自己的职责 / 148

第八章　情感是启发员工主动性的条件 / 151

第一节　情感：有待深度开发的激励资源 / 153

第二节　揭开员工情感的面纱 / 161

第三节　用情感影响与导引员工的积极心态 / 168

第九章　以“问”启发员工主动性 / 177

第一节　一问一答助力主动行为 / 179

第二节　“问”的方法与技巧 / 181

第三节　“问”的原则 / 192

下篇　创造让员工积极主动的条件

第十章　造就激情向前的组织个性 / 197

第一节　企业文化是激励斗志的根本 / 200

第二节　企业文化就像“大力水手” / 206

第三节　从理念到积极主动的行为 / 208

第十一章　使积极成为习惯 / 219

第一节　领导者应当养成什么样的习惯 / 221

第二节　培育员工习惯该从哪里入手 / 229

第三节　如何培育员工的习惯 / 234

后记 / 241

上　篇

愿跟你干，是感觉到被懂得

当人们问起热恋中的男女“你为什么爱他（她）”时，颇具说服力的回答莫过于“他（她）懂我”。为了能与“懂我”的人相伴，他们愿意与其共患难，甚至同生死，这也许是对情爱魅力的一种解读吧。触类旁通，领导的魅力是什么呢？为什么有些领导能让部属言听计从呢？最基础的因素应是懂得。懂得人的本性、懂得自我心性、懂得心与心交流，方能通心达志，令人心甘情愿地追随。

懂得人的本性，即能在工作中顺应人的心理需求规律，而不是违背人性，想当然地处理问题；懂得自我心性，即能理性调整情感，坦诚对待谏言，取他人之长，补自己之短；懂得通心达志，即能深层了解他人，将自己的意愿准确传递，实现求同存异。只有懂得才能拉近心与心的距离，只有懂得才能增进相互间的友情，只有懂得才能实现有的放矢。心理学研究发现，与一个人初次会面，45 秒钟内就能产生第一印象，且这一印象会顽固地根植于人的大脑中，进而影响其认知。这是美国社会心理学家洛钦斯（A. S. Lochins）在 1957 年用实验证明的首因效应，即第一印象效应。其“先入为主”带来的效果，启迪领导者应给部属留下“懂得”的印象。

领导者因懂得而平添人格的魅力，因魅力而赢得追随的意愿，因追随而激发行动的动能。因此，启发员工的积极主动性，领导者最基础的是要做到知人、知己、通心。

第一章

启发员工主动性的前提：知晓人性

在日本素有“经营之神”之称的松下幸之助，有一条很重要的领导哲学：站在对方的立场看问题。这似乎是领导者都知道的道理，并认为自己在工作中一直努力践行着这一哲学。可大多数部属却不认可，为什么呢？因为能够实现“站在对方的立场看问题”的前提条件是知道对方的“立场”，即知人。领导者自己认为的知人，实际只是自己依据自我的价值观，对对方的主观判断，根本不是对方所具有的真实的内在特性。

一个真实案例：

FQD公司是一个专业生产化工设备的企业，它的创始人刘先生曾是某大学的博士，在攻读博士期间设计开发了一种化工设备，并取得了国家专利，市场前景非常好。正是这一优势，促使刘先生开办了公司。在公司开办的前两年里，刘先生以身作则，带领几十名员工辛勤工作，取得了骄人的业绩。然而，在接下来的发展中，却使刘先生烦恼不断，业绩徘徊不前。

刘先生认为，公司要想发展，就必须扩大生产，实施流水化作业，以降低成本、拓展市场。要做到这些，首先解决人才问题，目前企业的关键是找不到合适的人才。据刘先生讲，有部分国外厂家已经开始研制与自己产品性能雷同的产品了，如果现在不发展，自己的公司将在激烈的竞争中消亡。为应对这一严峻形势，刘先生在一年多前就开始广招人才，可是事与愿违，来的人不少，但符合公司要求，自己感觉满意的几乎没有。

刘先生分析认为：

第一，现在的人缺乏奉献精神，让加班就讲价钱，要求享受的多，勤奋拼搏的少。

第二，自私自利，事事讲公平，总想着自己个人的事，稍有不如意就牢骚满腹。

第三，没有事业心，上班就要求明确薪酬待遇，不满意，要么消极怠工，要么辞职不干。

第四，没有上进心，不学习，不求进步，当一天和尚撞一天钟。

对于刘先生的总结，公司很多员工并不认同。员工说的最多的就是：刘总谁也看不上。

对于这一案例，也许大家看出了一点端倪，也许有自己的见解，我们暂且不进行讨论，留在心中，相信下面对一些问题的剖析，会让你有所感悟。

领导的核心工作对象是人，这无疑对领导者提出了一个基本的要求，即了解人。有人会说："我天天都在与人打交道，而且很注意识人与用人，能说不了解人吗?"其实，相当一部分领导者对于了解人或是一知半解，或是只站在自我的角度去理解，根本没有达到真正意义上的了解。了解人有两层含义：一方面，对人的共有本性有一个基本的认识；另一方面，对不同个体的独有个性特征的认识。对人的共有本性的认识是识人的基础，也是实施有效管理的基础；对人的个性特征的认识是用人的关键。不了解人，领导则无从谈起。在本章中，我们重点讨论对人的共有本性的认识，从而找到实施高效能领导的依据，为有的放矢地启发组织成员的积极性、主动性做好准备。

人的精神世界可以从四个角度来认识：

（1）以本性为核心的欲望驱动系统。

（2）以信念为标杆的价值判定系统。

（3）以性格为特征的行为习性系统。

（4）以潜能为代表的深层能量系统。

第一节　谁在主宰员工的行为

人做任何事情在大脑中都有一个“操纵者”，这个“操纵者”就是欲望，也有人把它说成是动机。

欲望是人的本性，它随生而来，随亡而去，是人对能给予自我以愉快或满足的一切事物的拥有意识或愿望，是人改造世界，从事一切活动，提升自我价值的根本动力，也是人类进化、社会发展与历史进步的动力。通俗讲，欲望是对自己喜欢或需要的东西所产生的占有的想法。如人在饥饿时，就会对食物产生欲望；当看到别人因为成功而受到周围人尊敬时，就会产生我也要努力成功的欲望。

每个人都是一个欲望与满足的循环体，旧的欲望得到满足，新的欲望就会随之而生，产生——满足——再产生——再满足，长此以往，促进了人与社会的前进和发展。

人幸福是因为欲望得到了满足；人痛苦是因为欲望没有得到满足。因此，如果能把控自己的欲望，即拥有了管理自己的能力，将使你成为快乐与幸福的主人；能把控别人的欲望，你会拥有驾驭众人力量的能力，将无往而不胜，成为不平凡的人。领导的根本目的是运用部属的欲望，激发工作的动力，实现组织的目标。不会利用人的欲望，不了解部属的欲望，领导将无从谈起。领导者只有清晰、深刻地认识到这个问题，并付诸学习与实践的努力，掌握使用与控制他人欲望的能力，才算真正具备了领导力。

人如果没有欲望，就不会产生积极主动的行为，即使是做也会应付了事。所以，我们应该知道谁是欲望的主宰者。

1. 行为的动之源

欲望产生的根源是心理需求的刺激。探讨人的心理需求，离不开对人性本质的分析，即人格分析。心理动力学派创始人、精神分析学家弗洛伊德认为：人格由本我、自我、超我三部分组成。

本我：是人性最原始、最自然的生物性属性，它使人产生满足本能的冲动和欲望，是人格的生物面，如饥饿、生气、性欲、能动的自卫等。本我与生俱来，是最基础的人格构成要素，它只遵循一个原则——享乐原则，即追求个体的生物性需求。本我即原我，是原始的自己，包含生存所需的基本欲望、冲动和生命力，是一切心理能量之源；不会受社会道德、外在的行为规范的约束，它唯一的要求是满足欲望需求，获得快乐，避免痛苦；它的目标是求得自身的舒适、生存及繁衍。

自我：属于人格的有意识范畴，代表理性和机智，是人格的执行者。如出生后婴儿的行为由本我构成，所有的冲动与欲望都是本能的、自然的；而自我是一个人出生之后在家庭、学校和社会的影响下逐步形成的，有了被某种规则制约的一面，这种规则要求自我的欲望应符合社会的行为规范，或大多数人的行为习惯，需要按照常识和逻辑行事。自我既坚持本我的欲望与冲动，以利其需求的满足，又不让本我与这些外在的规则发生冲突，压抑本我的种种与外界不相符的冲动和欲望。同时，尽量将本我的盲目冲动、欲望导入社会认可的渠道，它坚持的是“现实原则”。

超我：是人格的社会属性，它常以本我、自我的管制者身份出现，是“道德化的自我”“理想化的自我”，由“良心”和“理想”构成，超我的作用是指导自我、限制本我，它遵循的原则是“完美原则”。

通过对人格结构理论的学习，我们会得到这样的共识：本我、自我、超我三种人格要素构成了人的完整人格，人的一切心理活动都可以从它们之间的联系中得到合理的解释。自我是内含社会属性的人格，与具有理想化属性的超我与具有生物性属性的本我，几乎是永久对立的，但还会妥协于本我和超我。本我、自我和超我之间始终处于冲突——协调的矛盾运动之中。本我在于寻求自身的生存，寻求本能欲望的满足，是必要的原动力；超我在监督、控制自我接受社会道德准则行事，以保证正常的人际关系；而自我既要反映本我的欲望，并找到途径满足本我欲望，又要接受超我的监督，以促使“三我”人格的内部协调和均衡，保证与外界交往活动的顺利进行。这三个“我”需要平衡，如果得不到平衡时则会产生心理异常，并通过行为表现到外界。

对本我与自我的关系，弗洛伊德先生做了一个形象的比喻：假如我们把人格比作一驾马车，那么就可以把本我比作是马，把自我比作是马车夫。马是驾车者，会使马车产生驱动力；马车夫负责给马指引、规范方向。没有本我，车就没有动力，无法运动；没有自我，车就没有了运动的方向，无法实现欲望想要达到的目标。

分析人的性格，我们感觉到主导人的欲望的有三个动力系统：一是使人直接产生欲望的本我动力系统，只要受到需要的刺激就会产生欲望；二是本我进行约束、规范的自我动力系统；三是理想化的、完全社会属性的超我导引动力系统，它以社会的主流方向、他人的主流行为为理念，来影响自我，并通过自我约束本我的欲望。

至此，我们可以得出这样的启示：**欲望产生于需要对本我的刺激，欲望受自我的约束与规范；超我影响、导引自我，并通过自我使本我得到外界的制约。欲望是人的本能，没有欲望人会失去行动的动力，欲望的强弱影响着行动力的强弱。**

2. 指挥人行为的系统

挖掘人行为的背后推手，解析人性的本质，不是把领导者都培养成心理学家，而是希望领导者能理解人性，掌握和使用这一工具，通过领导方式的改变，从内心深处去启发部属的需求，刺激本我的动力系统，产生行动的欲望，实现积极主动。

分析一下需要刺激。需要刺激可以分成两个部分：一是生物属性类的刺激，如疼痛的刺激、味觉的刺激、饥渴的刺激、冷暖的刺激等；二是精神属性类的刺激，如物质上的刺激（惩罚、奖励）、语言上的刺激（批评、表扬）等。也许大家会有疑问，物质上的刺激怎么算是精神属性类的刺激呢？这里所指的刺激，不是指惩罚或奖励量上的刺激，而是这种刺激形式对人精神上的影响。

对于这两类刺激，人不管遇到哪一种，都会有本能的反应，都会产生索取、规避、反抗等欲望，并产生与之相关的行动。渴了会有喝水的欲望与行为；受到惩罚会有反抗、沮丧的欲望和行为；得到表扬和奖励会产生愉悦的欲望和行为等。这两种刺激所产生的欲望与行为，人并不是毫无保留地表现出来，在受到刺激后，需要表现什么样的行为，要经过自我的“审查”，经自我“审查”认为可以表现的，人才会有行动。

举例来说：我被罚款 100 元，本我会请求“要立即反抗”，自我在接到本我的这一请求后会进行审查，为什么会被罚 100 元，是因为不负责任，还是没有过错。如果是因为不负责任，本我会告诉自我：“你不要反抗，这是你玩忽职守造成的，你要反抗不符合道义上的要求。”如果是因为没有过错，自我会同意本我的反抗请求，但会告诉它反抗时应注意的问题和方法。在本我和自我工作的过程中，超我始终会站在高空观察，并用自己已经认同的社会理念影响自我。

如果本我没有自我和超我的约束与监督，遇到刺激就会立即反应，其行为必然会出现一面倒的倾向，概括起来可以用两个字来表示，即“自私”。一切以我为中心，满意就做，不满意的就不做或消极怠工。如果人没有了本我，只表现为自我和超我，那么其行为就只会表现出大公无私，乐于奉献的社会属性，一切以社会的需求为出发点。单纯的如此表现，当然也不好，因为当人失去了本我时，也就没有了欲望，更无法维持生命。这一现象告诉我们：**启发人的主动性，不能只期望人依我们的要求（自我和超我的社会属性）而工作，也需要本我（人的生物属性）保持需求的欲望，只有二者协调一致，才能使人产生自发性的主动行为**。因此，作为领导者应接纳人性的自私属性，承认“自私”是每个人的天性。同时，承认每个人的人性都有遵守规则、乐于奉献的社会属性，承认社会属性的可塑性。至此，再遇见“人们为什么都这么自私”的问题，也就不足为怪了。

现在我们知道了需求刺激是人欲望产生之源，由此，我们可以推断要想使人持续地产生动力，就必须使人不断地产生需求刺激，但这种需求刺激所产生的欲望又必须受到节制，否则会走向自私的极端。领导者启发人的主动性应从影响“自我”入手，如经常持续地向员工灌输，什么是企业倡导的行为；制定能给员工、企业带来益处的双赢制度，并加以大强度宣贯，使这些理念植入员工的“自我”本性之中，以节制本我提出的“无理欲望动力”，鼓动本我的“合理欲望动力”。人有欲望不是一件可怕的事情，可怕的是，领导者不能正确地面对员工的欲望，被本属于人天性的自私欲望所困扰，甚至是被动地接受不合理的欲望或被其牵着鼻子走，领导力自然就不会得到高效能发挥了。

第二节　员工的价值观：“孤独的心秤”

犹如天下没有两片完全相同的树叶一样，即使是在同等条件下的同一个问题，每个人对待的态度和评价也不会完全一样，处理的方法自然也不会一样；赋予同样的任务，不同的人选择完成的方式也不会完全相同；对一个人，我们在不同的时间、在不同的情况下，都会得出截然不同的结论。如此众多的不同，原因是什么呢？其实答案并不复杂，根本一点是每个人都有着一套自我独有的价值观、信念体系，或者说有着自己思考问题的心智模式。每一个人的价值观、心智模式都具有唯一性，这种唯一性，即确定了人思考问题、处理问题的唯一性，正是这种异质特征，使人在“心里”形成了一杆秤、一套对外界事物的评价标准。由于每个人标准的独特性，我们暂且称为“孤独的心秤”吧。

心智模式（Mental Model）是苏格兰心理学家肯尼思·克雷克（Kenneth Craik）在1943年首次提出的。管理学家美国麻省理工史隆管理学院彼得·圣吉教授认为心智模式是：根深蒂固存在于人们心中，影响人们如何理解这个世界（包括我们自己、他人、组织和整个世界），以及如何采取行动的诸多假设、成见、逻辑、规则，甚至图像、印象等。通俗理解，心智模式就是人观察事物的角度、评价事物的标准、思考与处理事物的方式。

价值观同心智模式有着很多相似之处，一些人认为价值观与心智模式是类同的概念，都是描述人处理问题、思考问题、评价问题的方式，角度与标准的心理理念或信念、观点，只不过国外有人喜欢用心智模式描述，而国内更多的人则习惯用人的价值观来解释。

1. 人为什么会固执己见

组织 10 个人，站在马路边，同时观察过路的行人。客观上讲，这 10 个人都看到了同样的事物，但当我们让每个人描述他们所看到的东西时，每个人所描述出来的景象绝对没有两个是完全相同的。之所以出现这样的现象，是因为人们总是透过自己的理念、观点，即用自我的价值体系标准来认知、解释世界、解释自己所看到的一切。认知活动中，人们只关注自己想关注或喜欢关注的，价值观的不同决定了其关注点的不同，当然就会出现类似于盲人摸象式的解释了。因此，自我的价值观决定了我们眼中的世界。

人自呱呱落地，有了视觉、听觉、嗅觉、触觉、味觉等感知功能那一刻，就开始了自我价值体系的构建。如有了饥饿的感觉，就试着用各种动作来表达，开始是用蹬腿，也许是挥舞小手，当母亲观察到孩子的这一行为后，可能会认为孩子冷了或热了，会用盖被子或掀被的方法来解决；大人的行为与孩子的期望不一致时，他就会改变战术，或改用哭的行为来重新表达。此时，母亲因原有的方法不能解决孩子的问题，但她又不清楚孩子的需求到底是什么，于是也会改变方式，试着用喂奶的方法来解决。结果孩子解决了饥饿的需求，于是在孩子的大脑中就形成了这样一个观念：哭能解决饿的问题，或者是形成了“会哭的孩子有奶吃”的认识。

当人看到周围的某一个人，因穿着一件新式的衣服而受到他人的羡慕时，此人即会产生一种拥有的欲望或需要，于是他找到了有这件衣服的地方，当他试着去白拿，即会被赶出来，于是在他的大脑中产生了这样一个感觉，要满足自己的需求，白拿是行不通的，需要用钱，或用一种付出去交换。如此过程，他在大脑中形成了一个价值观：有付出才能得到回报，天下没有免费的午餐。这些即是人价值观的形成过程。

人的价值观是一个体系，由众多举不胜举的观点组成，有些观点与他人有相同之处，但更多的还是不同。为什么会有不同的观点呢？这需要对影响价值观形成的因素进行分析。

影响人价值观形成的因素很多，主要是以下几个方面：

（1）社会文化、习俗的影响。如人应孝敬父母、长辈，这是社会的文化要求，是众人遵循的一个规则，人从能记事时，就受到这种教育，所以在其大脑中就形成了这样的价值观。如儒家、佛家、道家的思想观点，经过长期的灌输和熏陶对中国人的价值观形成，产生了至关重要的影响。

（2）家庭教育。不同的家庭具有不同的家风，如同企业文化一样，家风也可以叫家庭文化。这种文化影响着家庭每一个成员的价值观，不同的家庭，其成员的价值观是不同的，每个人的价值观都会有其家风的影子。

（3）学校教育。学校教育是人价值观形成的重要影响因素。不同的学校，因校风不同，学生的价值观也不会相同；不同的老师，因其价值观的独特性，其所带的学生的价值观也有与其的相似性，或受其影响，形成了有其价值观影像的价值观。

（4）工作环境。它是指人工作所在的组织文化、直接领导者，对其价值观的影响。不同的组织有不同的文化，如海尔企业文化的核心价值观：创新；海尔精神：敬业报国，追求卓越。跟随这些理念的是海尔一系列的管理制度、流程等，这些制度中已经植入了海尔的理念，这些理念的长久熏陶，形成了海尔员工的特有的价值观。

（5）实践经验。实践是对人的价值观影响最直接、最巨大的因素，它的影响可以分为两个部分：一部分是自己的亲身行为，通过亲身的感受确立对一类事物的认知；另一部分是自己眼见的事物，虽然自己没有接触的经验体会，但亲眼见到的事实指导了认知此类事物的方法。

对人的价值观形成的影响因素还有很多，如自我根据经验的演绎或推理，梦中情景的启示，从人以外的生物的认知体会等。

对于不同的人，价值观影响的因素有的相同，如社会文化、学校的某些教育、家风中的一些共同的东西等。但也有很多的影响因素是不同的，如个人实践，不可能人们遇到的事情都是一模一样的，这种不一样的情景，会产生不一样的实践，决定了所产生的价值观的不同。再者，家庭习俗不同、教育方式不同、父母价值观不同，都会使子女的价值观，不同于其他家庭。由此，我们可以得到这样的启示：**每个人都有着与众不同的价值观，这种不同的价值观决定了其对事物认知与处理方式的不同，这种不同也造就了不同的行为习惯。所以，我们没有任何理由来指责、**

疑惑别人与自己不同的想法，更无法判断别人方法的对与错。

之所以要对人的价值观进行分析，是想提醒我们，不要拒绝任何意见、建议、方法。对于工作中与部属相左的意见、想法等，首先要在心理上接纳，而后才是优劣分析，并进行建设性地引导。接纳是一种尊重，引导是使尊重得到延续，在尊重中去工作，会让人产生动力。

矛盾来自何方？一是对自我利益的侵害；二是对真相的误解；三是对事物认知的差异。对于第一种矛盾，往往无法化解，除非心甘情愿；对于第二种矛盾，我们可以用沟通的方法加以解决；对于第三种矛盾，我们则可以通过正确理解价值观差异性的原理来化解。

2. 你的员工能够接纳外来的信念

世间万物的广博性，决定了人对世界的认知永远是有限的。人的价值观体系永远不会完备，永远处于增加和完善之中。人的大脑能量的未知性，证明了它还有大量的未开垦的“荒地”，在等待着开发和使用。有研究者认为：正常人的脑细胞约 140 亿～150 亿个，以最有学问的人为标准，其利用率也只有不足 10%，其余大部分处于休眠状态。还有研究者认为：人脑有 98. 5% 的细胞处于休眠状态，只有 1. 5% 参加大脑的功能活动。即使人在 30 岁以后每天脑细胞以十万个的速度死亡，这对于拥有 150 亿个脑细胞的大脑来说，其可以使用的容量也是微不足道的。对这一观点，有些人认同，有些人反对，但不管是反对者还是认同者，仅仅是对其具备数值量的疑惑，对大脑的巨大潜能却有着共同的认识。

人脑的巨大空间，人价值观的可塑性，给我们提出了一个问题：既然人的大脑还有余地，为何不加以利用，植入我们想要的价值观呢？

不必急于回答如何植入我们的价值观，我们先来分析一下，为什么要植入我们的价值观。

人有一种本性：**不愿意被改变，但愿意自己改变**。不愿意被改变，说明被改变是自己的价值观还没有认同的情况下，强迫自己产生认可行为，此种情境下的行为一定不会主动，即不会产生价值观认同情况下的高效能；愿意自己改变，是当前的事物得到了自我价值观的认同，这种认同的自主性，决定了其行为的主动性。

领导力是什么？西方领导力大师约翰·麦克斯威尔（John Maxwell）博士认为：领导力是影响他人的一种能力。为什么你能实施对他人的影响？简要回答是你能为其带来或帮助其价值得到提升。由此，我们会产生这样一个共识：领导者的核心职能之一是为他人增加价值。一个优秀的领导者，一定是一个主动帮助下属成长进步的人，一定是一个具备帮助下属成长进步能力和魄力的人。正是其给他人的“益处”，才换得别人的尊重与敬仰，从而心甘情愿地受影响。所以，领导者真正的影响力，来自于帮助他人增长价值。

人如何才能提升自己的价值？看似很简单的问题，回答起来并不容易。有人说提高技术水平，还有人说多学习知识，也有人说多做事情……这些观点都有道理，但还不能算是提升价值的根本方法，根本的途径是改变价值观念。

价值观念的改变是人增加价值的倍增器，所以有人提出了“态度决定成败”的观点。

1965 年，一位韩国学生到剑桥大学主修心理学。他常到学校的咖啡厅或茶座听一些成功人士聊天。这些成功人士包括诺贝尔奖获得者、某些领域的学术权威和一些创造了经济神话的人，这些人幽默风趣，举重若轻，把自己的成功都看得非常自然和顺理成章。时间长了，他发现，在国内时，他被一些成功人士欺骗了。那些人为了显示自己的能力，普遍把自己创业的艰辛夸大了，很多想创业的人，听到创业会这么艰难，就知难而退了。

作为心理系的学生，他认为很有必要对韩国成功人士的心态加以研究。1970 年，他把《成功并不像你想象的那么难》作为毕业论文，提交给现代经济心理学的创始人威尔·布雷登教授。布雷登教授读后，大为惊喜，他认为这是一个新发现。这种现象虽然在东方甚至在世界各地普遍存在，但此前还没有一个人大胆地提出来并加以研究。惊喜之余，他写信给他的剑桥校友——当时正坐在韩国政坛第一把交椅上的人——朴正熙。他在信中说：“我不敢说这部著作对你有多大的帮助，但我敢肯定它比你的任何一个政令都能产生震动。”这本书果然鼓舞了许多人，他们不再认为创业是高不可攀的事情，他们感觉到：只要你对某一事业感兴趣，长久地坚持下去就会成功，因为上帝赋予你的时间和智慧够你圆满做完一件事情。正是这一观念的转变，韩国的创业大潮一涌而起。

故事告诉我们：并不是因为事情难，我们不敢做，而是因为我们不敢做，事情才变得难。这是一种态度，改变它会使事物的难易程度得到改变。领导者要提升自己的影响力，关键是做好对部属的启发、引导，这种启发引导不仅仅是业务、技术上的帮助，更多的是价值理念上的改变和灌输。

人的价值体系永远不会完整，这种不完整，很多不是自己能充实的，因为社会高度复杂的分工，人自我不可能完整地观察事物，只能是盯着身边熟悉的“片断”；社会极快速的变革，人也只能跟随极小部分人的脚步，而大多数观念会滞后于事物的发展；再加之人在社会中所处地位、身份、工作、文化背景、教育及宗教信仰的不同，都使人不可能形成完整的价值观体系。此时，充实与更新组织成员的价值观的任务，就落到了领导者的身上。这给了我们向其灌输组织所需价值观的机会，好好地利用人价值体系的不完整性，充分开垦这片“荒野”，利己、利人，何乐而不为呢？

3. 两面三刀有时并非有意为之

领导者常常会遇到“阳奉阴违”“两面三刀”“讲一套，做一套”的人，对此，一般人会给其下一个结论：道德败坏或品行不端。真的是这样吗？

类似的人有两种情况：一种是此人确实在品德上如此；另一种是当时认可了你的观点或理念，但转过头后又感觉到你的观点、理念有不妥之处，而改用其他。第一类人无须多论。第二类人则是人的一种正常心理现象，承认你的观点，是因为其思维与信念与你思维与信念的比对没有完整进行，而出现的临时认同。当其冷静分析并与自我价值系统进行深入比对后，发现了当时的认同是“错误”的，就会做出行为上的调整。

人们常戏问：假如你和你的爱人还有老母亲乘船出海，可是遇到风暴船翻了，三人全部落水。假如你只能救一个人，你是救你的母亲还是爱人？一般当着很多人的面问时，有相当一部分人会回答救母亲，但真正做起来的时候，有一部分回答救母亲的人会放弃原来的想法，去救爱人，这是为什么呢？也就是真正的认同与被迫性认同经过自我观念的博弈后，由迫于社会认同向实施真实的自我认同的转变。

4. “眼见为实，耳听为虚”的误导

在求证问题上，人们比较推崇的一句话：“眼见为实，耳听为虚。”其实这不一定是真理。

孔子和他的弟子周游到陈国和蔡国之间的时候，穷困不堪，断粮七日，连野菜也吃不上，只好在大白天睡觉。颜回讨来一点米，把它放在锅里煮。饭快熟了，孔子看见颜回抓饭吃。过了一会儿，饭熟了，颜回请孔子吃饭。孔子装着什么也没看见的样子说：“刚才我梦见祖先，要我把最干净的饭食送给他们。”颜回连忙说：“不行，刚才有灰尘掉进锅里了，把饭弄脏了一些，我感到丢掉了可惜，就用手把它抓起来吃了。”孔子听了感慨地说：“我所相信的是自己的眼睛，但眼睛看到的还是不可相信；我所依靠的

是自己的脑子，但脑子有时也靠不住。你们要记住，了解一个人确实不容易啊！”孔子从自己的“误判”中得到启示，立刻进行反省，这说明孔子具备一种观念：要真正识别一个人、正确判断一件事，都是很不容易的，不能轻易地把自己的“亲眼所见”或“亲耳所闻”作为结论。

领导者会面对很多对人定论的问题，这是需要慎重而为的事情，一旦判断失误，将会对他人产生很大的伤害。因此，凡遇此类问题，一定要经过多方的求证，方可评定。如工作中我们看到某某人非常卖力，而某某人似乎并不专心，能据此而论吗？难说。通常情况下，笨人的努力往往是最容易看到的，因为他们需要更多的时间才能将事情做完；而聪明人往往看不到其努力，因为他们看似玩的时候就已经把事情做完了。

人的价值观决定了观察事物的视角，它指导着我们思考问题的方式，影响着我们的行为习惯，它把我们的推理理解为客观事实。人的价值观一旦形成，就很难改变，但并不是说不能改变，只是要有确切的证明与实证，就会重新审视自己的价值观，从而做出更新。

第三节　员工的潜能期待被唤醒

人的能量，别人或自己能看到与感觉到的，只是其中少之又少的一部分，更大的一部分——潜能，还远远没有被人们所认知和利用。潜能是潜意识与潜在能量的统称。潜意识是奥地利精神病医师、心理学家、精神分析学派创始人西格蒙德·弗洛伊德提出的一个心理学术语，是指人类心理活动中，不能认知或没有认知到的部分，是人们“已经发生但并未达到意识状态的心理活动过程”。人无法觉察潜意识的存在，但它却时刻影响我们意识体验的方式。

对意识，我们可以通俗地理解为：当前能够认知或注意到的，正在进行的心理活动。特点是大脑能清晰地感知到外界的各种刺激，对自己的思维、情感和行动的目的性，能实施有效的控制。

潜意识也称之为“被压抑的无意识”，是人们的心理活动不能被意识到的意识。弗洛伊德认为：人们的大部分的心理活动是在潜意识里进行的，大部分的日常行为也受潜意识驱动。人一般不能意识到，集中精力努力回忆和经过提醒，才能将其调入，上升到意识里。潜能来自何方？至今，人们也无法给出确切的回答，但一般认为与遗传、学习的积淀、实践的积淀、观察与体会到的技能或方法、逻辑推理有直接的关系。

积极心理学奠基人、哈佛著名心理学家埃伦·兰格在1985年进行了一项实验，目的是让人变得更年轻。他选取了100名住在波士顿70岁以上的老人作为实验志愿者，送他们去度假十天。度假地点的建筑与生活设施，采用20世纪50年代的装潢风格，这种风格恰好是受试者的壮年时代。兰格播放20世纪50年代的音乐、放置20世纪50年代的报章杂志、要求受试者穿20世纪50年代流行的衣服，并要他们“表现得”像是回到了20世纪50年代。十天的假期结束后，受试者的物理和心理测试结果，都比度假前年轻。

是什么造成改变，让他们变得比原先年轻了呢？分析得出是实验设置的条件唤醒了他们的想法。他们的潜意识接受了自己变得年轻的心态。

领导者往往很重视人现有意识能量的发挥，忽视了比其大得多的潜在的意识能量。如果想使业绩有所突破，离不开调动与激发人的潜能；企业实现创新驱动，超越常规发展，当然也不能离开发挥人的潜能。不懂得潜能的领导者是有素质缺陷的领导者；不会启发部属潜意识的领导者是低层级的领导者。

1. 一切皆有可能

19 世纪中叶，许多运动研究专家研究认为，人类奔跑的最快速度是一英里（约 1.6 公里）需要四分钟，没有人能突破这个极限。在很长一段时间里，虽然一些人进行了努力，但仍然没有进展。1954 年，一名叫班尼斯特的青年人打破了这一纪录，奇怪的现象出现了，仅仅在几个月内，有五六位奔跑者超过了这一纪录。运动研究人员研究分析了他们的体能改进情况、奔跑方式，发现没有什么改变，最大的改变是他们的信念！他们认为，只要别人做得到，自己也一定能做到。

俄罗斯举重选手艾列柯西（Vasily Alexeev）的成功经历也证明了信念的重要性。艾列柯西曾经试着训练自己举起 500 磅的重量，但失败了，于是他将重量降到了 495 磅进行训练。有一次，他的教练要他，偷偷把杠铃加重到 500 磅，却告诉他只有 495 磅，结果艾列柯西一如往常将杠铃举了起来，当教练告诉艾列柯西刚刚举起的是 500 磅后，他并不相信，但确认后他喜出望外。从此他改变了信念，在比赛中屡次打破纪录。

媒体通讯：远大科技集团旗下的远大可建公司以一天3层的速度，在长沙建起一栋57层的高楼。据施工方介绍，这栋名为“小天城”的高楼于2015年2月17日封顶，楼高200多米，建筑面积18万平方米，包括3.6公里的步行街、19个10米高的大厅，可容纳4000人的工作场所及800户住宅。据施工方介绍，大楼采用可持续建筑模块化材料，95%的工程量在远大工厂内完成。大楼外墙采用多种特有技术，据称比常规建筑节能80%。目前，大楼已完成主体封顶，转入墙体及内部装修阶段。

看到这则消息时，许多人产生了不小的疑惑。因为人们通常的意识认为建楼要从打地基开始，然后是一块块砖或一层层地用水泥浇筑，逐步进行。可远大打破了人们的常规意识，正是这种不同于常规意识的理念，创造了惊人的速度。

人的意识一般是有序和分类排列存储，但人的潜意识与能量却是杂乱无章地堆积在大脑的“库房”里，它们常以扭曲的或胡乱排列形式出现，世间的很多成功往往来自这种“扭曲的或胡乱排列”的闹剧。

信念是在人的大脑中形成一种意识的界线，这种界线往往成为人们思维或行为的鸿沟，阻挡了人的进步与发展。人的能量有多大，恐怕只有潜意识知道。艾列柯西的教练，一次无意的戏耍行为，使其信念意识移动到了潜意识区域，成就了突破。人应当忘却自己意识中的定格，树立“一切皆有可能”的意识，充分调动与启动潜意识，完成你认为不可能完成的任务。

领导者要相信部属的潜能，在启发成员潜能中扮演积极角色，不但自己要积极挖掘自我潜能，还要帮助与鼓励，并创造条件促成部属潜能的开发和利用。

2. 召唤与搅动

对于人的潜意识与能量，我们可以做这样的比喻：如果把人的意识比作深渊中的水，那么，潜意识则是沉积在深渊下的沉积物，若想一见，就要搅动；如果把人的意识比作电脑内存中可随时调取使用的程序，那么，潜意识则是记录于硬盘内的预装程序，若要调用必须唤醒。领导者带领部属创造佳绩的手段，离不开唤醒与搅动自己和组织成员的潜意识及能量。

搅动与唤醒的基本方法是执着行动。假如把能够意识到的知识比作一根勘探机的钻杆，专的程度好比钻杆直径的大小，越是专直径越小；知识好比钻杆的长度，掌握得越多、越深说明钻杆的长度越长。如果我们想激发出更多的潜能，就要加长钻杆的长度，才能深入大脑的底部，挖掘出更多的潜能，激发更多的潜意识。

宋朝著名理学家朱熹《朱子语类》卷十三中写道：学之之博，未若知之之要；知之之要，未若行之之实。大意是：学习得广博，不如掌握住要点；掌握住要点，不如付诸实际行动。他论证了“博”与“精”、“卸”与“行”的关系，认为学的知识多而杂，样样都是半瓶子醋，不如学得专而精，掌握住重点要旨。在动物界，狼很值得着墨。狼的耐心总是令人惊奇，当它们确定了攻击目标后，会为这个目标耗费相当长的时间而丝毫不觉厌烦。细致观察、寻找破绽与攻击点，直至实现目的，正是这种锲而不舍的精神，使得狼能在群雄林立的动物界生存下来。狼的成功给人的启示就是：态度单纯，对成功保持坚定不移的努力。

人心灵的深处，有许多遗传下来的力量，也有许多自我累积的力量。唤醒这些力量，巧妙运用，便能彻底改变人的生活与命运。

3. 意境之外

经验会使人提高学习与工作的效率，给人们带来便捷，但如果一味地围着经验的“火炉”，就很难发现更舒适的取暖之所或方法。

1993 年的诺贝尔经济学奖获得者道格拉斯·诺思，由于用“路径依赖”理论成功地阐释了经济制度的演进，而使自己一举成名，同时也引起了人们对“路径依赖理论”的重视。“路径依赖理论”是指人类社会中的技术演进或制度变迁，如同物理学中的运动惯性，一旦形成，身在其中者，无论其惯性是“好”还是“坏”都可能对它形成依赖。而且惯性的力量将使人的理念得到不断地自我强化，形成一个自我陶醉的意境，不能自拔脱身。有关铁路铁轨的间距来源，演绎了无数人一路“陶醉”的故事：

据说，美国铁路两条铁轨之间的标准距离是 4.85 英尺，有好事者对此不解，追究其产生的依据，得到了这样的结果：这个标准来自英国，因为美国的铁路最先是英国人所建，所以，执行了英国的铁路建设标准。好事者接着追查，为什么英国人用4.85英尺的标准，原来英国的铁路是由建电车的人所设计的，而这个正是电车所用的标准。

好事者不死心，电车的铁轨标准又是从哪里来的呢?原来最先造电车的人以前是造马车的，而他们是用马车的轮距宽度做标准。

好事者并不满意这一根据，马车为什么要用这个轮距标准呢？因为路上的车辙的宽度是4.85英尺，马车用不一样的轮距，轮子就会被老路上的车辙啃坏。这些辙迹又是从何而来的呢？是古罗马人修的，因为欧洲，包括英国的长途老路都是由罗马人为它的军队所铺的，4.85英尺是罗马战车的宽度。那么，罗马人的战车的轮距为什么是这一宽度呢？是因为两匹拉战车的马的屁股的宽度之和是这一宽度。

好事者哭笑不得，原来改变交通文明的功臣铁路，其铁轨轨距的“科学”依据竟是两匹马的屁股。

看到此，我们不妨乌龙一下，若干年后，科学家们在遥远的太空，发现了一颗适宜人类生存的星球，当科学家把人送去生活，建造飞船时，其飞船的宽度是不是还要依据4.85英尺呢?也许这只是一个玩笑，但有谁能肯定现实生活中，这种事情不会再发生呢?

路径依赖理论不仅揭示了人对已有意境的留恋，管理学家们的动物试验证明，动物同样具有此特性。

试验者将5只猴子放在一只笼子里，在笼子中间吊上一串香蕉，笼子的顶部装有高压水枪，只要有猴子伸手去拿香蕉，所有的猴子就会受到高压水的教训。开始时，其中的一只猴子经不住香蕉的诱惑，伸手去拿，结果所有的猴子就会受到高压水的教训。反复了几次，5只笼子中的猴子明白了。于是形成了一种共识，只要有猴子想去拿，就群起而攻之，最后5只猴子只能眼巴巴地看着香蕉。试验者此时，取出了笼子里的一只猴子，换进了一只新猴子，新来的猴子不知这里的“规矩”，竟又伸出上肢去拿香蕉，结果原来笼子里的4只猴子，把新来的猴子暴打一顿，直到它服从这里的“规矩”为止。试验人员如此不断地将最初经历过高压水惩戒的猴子换出来，最后笼子里的猴子全是新的，但没有一只猴子再敢去碰香蕉。

如果说笼子中的老猴子怕受到“株连”，而不允许其他猴子去碰香蕉，可以理解，但后来笼子中全部换成了新猴子，而其中没有猴子知道拿香蕉会受到惩罚，却还在执行着“不许拿香蕉”的规则，这就是人们死守路径依赖意境的表现。

好了，道理应该说明白了，如果把人的意识比作路径依赖意境，那么，潜意识即是跳出了这种意境。也许铁路路轨的轨距宽一点或窄一点会有更高的效率。领导者应善于引导、启发员工跳出路径依赖意境，走进潜意识的深水区，创造更佳的业绩。

对于潜能的开发，科学家和心理学家们研究出了很多方法，领导者不求全部熟练掌握，但一定要有开发的意识，在领导活动中灵活应用，以提升效能。

第四节　少在难以改变的地方费功夫

性格是人特有的思维、行为属性与习性。它可以分为两个部分：一部分可以命名为人的本性，是先天形成或由遗传而来，是不可或很难改变的性格特征。如有的人遇事暴躁，有的人会冷静思考，有的人手快嘴快等，这些都与遗传有关。另一部分是后天形成的，与环境、教育有关。如人对事物的观点、看法，自我的兴趣、理想、信念等，这一部分有很强的可塑性。

对于人性格的遗传性，世界各国的心理学家和科学家进行了大量的观察和研究工作，他们都得出了较为一致的结论，性格具有遗传性，且会保持相对的稳定性，并伴随人的一生。

英国爱丁堡大学的研究人员选取了多达1.7万人为观察、研究对象，进行了为期50多年的跟踪调查。发现，孩子在7岁左右时，如果数学和阅读技能方面非常出众，那么他们在成年后拥有较高的收入、较好的住房条件和较好的工作的可能性会明显增加。如果儿童在7岁时的阅读能力提高了一个档次，那么他们在42岁时的收入就会增加5000英镑。即使将家庭环境、教育方式等因素考虑进来，这样的关联依然存在。来自英国、美国和新西兰的研究人员在《美国国家科学院》杂志上发表的研究文章指出，在3岁表现出自控能力差的孩子，到32岁时更有可能出现健康和财务问题，甚至会有犯罪记录。

美国加利福尼亚大学里弗赛德分校、俄勒冈大学和俄勒冈研究所的研究人员，共同开展了一项针对人性格 4 项特征的研究。

他们首先找来 20 世纪 60 年代对夏威夷州约 2400 名不同种族的一至六年级小学生的一份调查。这项调查中，这些孩子的老师依照学生的日常表现，以打分方式做出性格方面的评价。研究人员主要对比其中的 4 项性格特征：是否健谈，又称语言流利度；适应性，即能否很好地适应新情况；是否易冲动、感情用事；自我贬低程度，主要看是否弱化自身的重要特质。40 年后，研究人员找到其中 144 人进行深入调查，并给研究对象看接受调查时的情况录像。

对比后，研究人员发现，那些当年被认为健谈的孩子，中年时善于动脑、讲话流利，总是试图控制局面并表现出高度智慧；而当年被老师认为不健谈的孩子，中年时多表现为缺少主见、遇挫折容易放弃、不善于处理人际关系。当年被认为适应性强的孩子，成年后多表现出乐观开朗、善于动脑、讲话流利；适应性打分低的孩子，成年后态度消极、缺少主见、不善于处理人际关系。当年被认为易冲动的孩子，成年后倾向于大声说话、兴趣广泛、健谈；不易冲动的孩子，成年后多表现得胆小害羞、与人保持一定距离、缺乏安全感。当年被认为自我贬低度高的孩子，成年后易内疚、喜欢寻求安慰、爱讲自己的消极面、爱表达不安全感；自我贬低程度低的孩子，成年后倾向于爱大声说话、善于动脑、表现出优越感。

看到如此的比对结果，研究报告主要作者、加州大学里弗赛德分校博士生克里斯托弗·内夫说："我们仍可辨认为同一个人，这正好说明了了解性格的重要性，因为它可以跨越时间和环境，追随你一生。"他说："我们认为，性格'居住'在人身上，它是人的一部分，生物学层面的一个部分。生活中发生的事件仍对人的行为构成影响，但我们必须承认未来行为中性格所起的作用。"

人的性格中的本性基本来自于遗传，而其他大部分的性格特征都会在上小学之前，也就是说 7 岁前形成。"三岁看大，七岁看老"是指人在 7 岁时幼儿的个性倾向开始形成，7 岁之后基本上就难以重新塑造了。

"江山易改，禀性难移"，是世代流传下来人们对难以改变的性格的形象描述。性格是人一系列的习性组合，它主要有两个部分：一部分是人的行为习惯；另一部分是人的思维习惯。性格没有好坏之分，它只有适应与适合。我们讨论人的性格特征，认识与坚定一个事实，即人性格的相对稳定性。基于这种认知，在实施教育的过程中，应把改变人的性格特征部分的努力放在次要位置，以减少时间的浪费。

组织中的每一个岗位，都有相应的岗位性格要求，即"岗位性格"。它是胜任此岗位的前提条件之一，岗位的性格特征与之相适应的人相匹配，这就是人岗匹配度。组织工作效能的充分发挥，需要满足两个条件：一是组织中的岗位性格是明晰的，即"岗位性格分析"准确；二是对每一位加入组织人员的性格分析，并有准确的结论。最后，把适合的人放在合适的岗位上。

人除了难以改变的本性特征外，还有一部分通过“耕种”能得到收获的土地，那就是信念、理想、观点或者价值观这一部分。

到此，我们可以一点即通了。组织的领导者，其对员工的改变主要是理想、信念、价值观及行为方式的影响，通过影响促成自己的改变。正如心理学家威廉·詹姆士所说：“播下一种行为，你将收获一种习惯；播下一种习惯，你将收获一种性格；播下一种性格，你将收获一种命运。”现在我们可以有针对性地耕耘和播种了，因为通过前面对价值观的形成及可利用性的讨论，怎么做、做什么，领导者应该明了了。

若使人的能量得到充分、自主发挥，领导者必须将每位部属的性格特点搞清楚；若使领导者工作效能得以提升，就不能在误解人上浪费时间；若打造强力的组织凝聚力，需要人与人相互间的正确认知与理解。

第二章

改变他人必须认知自我

很多人习惯把注意力放在研究他人的心理和行为上，认为只要能对他们了如指掌，就能有针对性地实施管理，提升其工作的主动性。其实不然，古今中外的无数事实证明了一个真理，把握事物的主动权，关键不是知彼，而是清晰的自我认知，即知己。

第一节　领导行为的最大障碍：不善知己

当评价、分析别人时，头头是道，但当评价与剖析自己时，却很难理出头绪，相信吗？不妨自测一下。快速回答两个问题："在3分钟内，准确地描述出自己最具个性的三个优点。""在3分钟内，准确地说出自己三个最不满意的缺点。"这不是多么复杂的问题，可很多人要么回答不上来，要么回答得不确切，为什么呢？认不清自己。

斯芬克斯之谜是古希腊的一个传说：在王国城堡的附近有个女魔叫斯芬克斯。她整天守着一条朝拜王国城堡的必经之路，让人猜一个谜："什么东西早上是四条腿，中午是两条腿，傍晚是三条腿？"如果行人答不对谜底，她就会残忍地将其吃掉；如果有人猜出来，她就会立即死去。很长时间里，数不清的人因猜不出谜底而死去，周边的人听说后不敢来朝拜了，一时间，王国内外都充满了恐惧。终于有一天，一个叫俄底浦斯的年轻人来到了斯芬克斯的面前，说出了这个神奇东西的谜底：人。斯芬克斯听后，愤怒地跳崖而死。

这个故事流传下来，警示人们要认识自己。人很多时候是认不出自己的，但了解自我又是人生不能缺少的功课，因为只有了解了自己，才能知道自己真正的需求与愿望，才能在现实中找准方向，才能感觉到人生的丰富多彩，才能清楚自己的优势与潜能，在运用优势中取得成功；也只有了解了自己，才会正确看待生活中的累和苦，才会直面委屈与懊悔。

“认识你自己！”——这一铭刻在希腊圣城德尔斐神殿上的著名箴言，被许多哲学家用来规劝世人。有人问古希腊思想家、科学家、哲学家泰勒斯：“什么是最困难之事？”他说：“认识你自己。”此人又问：“什么是最容易之事？”他说：“给别人提建议。”这位大师的回答颇具讽意，自知之明者寥寥无几，好为人师者却比比皆是。

《孙子·谋攻篇》曰：“故知胜有五：知可以战与不可以战者胜；识众寡之用者胜；上下同欲者胜；以虞待不虞者胜；将能而君不御者胜。此五者，知胜之道也。故曰：知彼知己，百战不殆；不知彼而知己，一胜一负；不知彼，不知己，每战必殆。”意思是：预见胜利有五个方面：能准确判断仗能打或不能打的，胜；知道根据敌我双方兵力的多少采取对策者，胜；全国上下，全军上下，意愿一致、同心协力的，胜；以有充分准备来对付毫无准备的，胜；主将精通军事、精于权变，君主又不加干预的，胜。这就是预见胜利的方法。所以，了解敌方也了解自己，每一次战斗都不会有危险；不了解对方但了解自己，胜负的概率各半；既不了解对方又不了解自己，每战必败。孙子的论述可谓精辟，将军带兵作战如此，那么，应用于领导艺术呢？当然也是如此。领导者若想实现对部属的有效领导，首先要了解自己，而后是了解领导的对象，这就是领导的知己与知彼。

我们常讲“对症下药”，它要求领导者要摸清楚工作对象思想上的实际问题，再做工作。“对症下药”的前提是施救者是“医生”，它具备诊断患者病症的能力，如果不是这样，何谈对症下药呢？胡乱下药的结局又是什么？讨论到这里，也许有人会问，难道这么多年，我连自己吃几碗干饭都不知道吗？我们不想否定每个人的聪明才智，但我们也常常看到一些人往往会高估自己，做了很多与自我能力不相符的事情，结果不是认真地反省自己，找出自己的不足，反而规避责任。

笔者在某服装公司做咨询时，听了一个故事：公司为了拓展市场，高薪聘请了一名销售经理李先生。李先生在应聘时保证自己部门的销售业绩，在一年时间实现翻番目标，条件是公司允许他再充实四名高薪的销售人员。一年后，销售部没有实现翻番的目标，当公司追责时，李先生却不承认自己有问题，把原因归结于人力资源部，理由是人力资源部招聘的四名高薪销售员能力太差，造成了目标任务的流产。类似的推责现象在很多公司都存在，关键不是责任本身，而是因为不能正确认识自己，它不但会伤害他人，也会损害自己。

领导不能正确认识自己有诸多危害，最突出的有五点：

第一，影响公司战略或目标的实现。但凡正规的公司，在每个时期或时间段都要规划发展战略或目标，而影响目标确定的主要因素是人的能力，只有判断承担任务的人具备完成任务的条件，才能确定战略或目标。否则，一切规划不仅是空想，还会使更多人的努力付诸东流。

第二，员工优势无法发挥。我们常说："兵熊熊一个，将熊熊一窝。"如果领导者的能力低于其就职的岗位职能要求，就会影响到员工能力的发挥，进而影响工作。

第三，误导决策。决策是根据人的能力、环境、设备、财务状况等条件做出的，不管是当事者还是部属，不能正确认识自己，准确判断自己的能力，面对决策时，无论是高估自己还是低估自己，都会影响决策的科学性、正确性。

第四，不利于自身进步与成长。高估自己给别人的感觉是工作不实，或者让别人感觉此人爱"吹牛"；低估自己，会让人感觉到你的不自信，留下自卑的印象。留下上述的任何一种印象，都会影响到自己的职业前途。

第五，制造或激化矛盾。规避风险是人的天性，当人遇到危害时，会不自觉地产生避险行为。同样，在责任和问题面前，人也会不由自主地采取回避措施，对人这是一种正常心理，无可厚非。如果在工作中，把本属于自己能力低下造成问题的责任，推给部属或其他协作部门，自然就会产生矛盾。

孔子在《周易·系辞下》中写道："德薄而位尊，智小而谋大，力（小）而任重，鲜不及矣。"意为"德行浅薄而地位高贵，智能低下而心高志大，力量微弱而身负重任，这样的人没有几个是不遭受祸害的”。人生之路，需要用自己的身心去行走，它不但需要一个强健的体魄，还需要有一双灵魂的眼睛，不断地去审视自己、发现不足、挖掘智慧、启迪思维、取长补短。

第二节　领导者如何才能认知自我

中国著名的思想家老子在《道德经》第三十三章中写道：“知人者智，自知者明。胜人者有力，自胜者强。”意思是：能够了解他人的人聪明，能了解自己的人才算真正聪明。能战胜别人的人是有力量的，能战胜自己的人更加强大而不可战胜。大哲学家苏格拉底把“认识你自己（know yourself）”作为自己的座右铭，他说：“想左右天下的人，须先能左右自己。认识自己，方能认识人生。”

人像一面镜子，总喜欢将照人的一面背对自己，造物主给人设计了一双向外看、向远看、向前看的眼睛，却没有赋予它向内看的功能。认识自己应学会自我优、劣分析，它是通过对已经实施过的行为进行评估、分析、断定，以确定自己擅长的领域，并在大脑中做好标记，当再次出现类似的事物、情境时能快速做出反应，判断出这是否是我能做的。劣势分析是对自己不擅长的领域进行判断，注意这里既要做标记还要做判定，其目的是在遇到事物时，能迅速知道这不是我能做的。人只有真正认识了自己的时候，才具备了掌握命运的能力，如果不能认识自己，注定摆脱不了被别人、命运的捉弄、支配。

1. 挖掘内心深处的认知

对于自我，有一部分可以直观地察觉到，但相当多的却是需要用特殊的方法才能认知，这既是那个隐性的自我。分析心理学家荣格说："一切引起我们恼怒的事情都能带领我们理解自己。"这是对认知自我非常有益的提示。我们在工作与生活中的一切亲历亲为的事情，甚至他人的所作所为，都可以成为认知自我的工具。假设我们执行了一项并不复杂的任务，虽然完成了，但发现有一些本应预想到的环节（或应该有的部分）遗漏了，如果不遗漏，任务的结果会更令人（或自己）满意。回顾以往，类似的现象多次发生在自己的身上，由此，我们会这样评价自己：不太细心。常常有这样的情景：你在动手做某事之前，并没感觉到其令你为难，但当你实施时，却感到力不从心、非常吃力，此时，你会不会有一种自己眼高手低的认识呢？

弗洛伊德的投射理论同样对我们认知隐性的自我提供了很大的帮助。当我们用自己的目光去审视世间万物，去审视世间的每一个人，得出评价或结论时，也反映了我们内心深处的倾向。

有学者给出了这样一个认知隐性自我的方法：

试着拿出一张纸条，写下三个你最难以忍受的人：你所鄙视的、你所反感的、你曾与之发生争吵的人。然后写下你讨厌他们的原因，无论是自私、冷漠、傲慢……只要是你想到的，越具体越好。

接着，从这群人中挑出让你感觉最糟糕的那一个，仔细留意当你想到他时会发生什么。你将会意识到，你的身体产生了某种反应，也许会是你的胃、肩膀或者脖子。这些令你不悦的事情锁定在你身体的某处，搞清楚在哪里，这将是今后激发隐性自我时的一个提示。

接下来就是有趣的部分了，屏住呼吸，用心去关注你所记录下的不喜欢的人的特性。你会发现，很有可能正极力地避免自己的生活同他相似，哪怕只是一点点。这些被你辨认出来的特性正是有意无意间所要避免的样子，而这种避免的背后一定有更深层的原因。深入地挖掘下去，你会搞清楚你是谁、在害怕什么、在抗争什么。那便是你的隐性自我。

2. 每个人都有自己的优势才智

20 世纪 80 年代，世界著名教育心理学家、心理发展学家，美国哈佛大学教育研究院的霍华德·加德纳，从研究脑部受创伤的病人入手，发觉了他们在学习能力上的差异，提出了多元智能理论。他认为逻辑—数学和语文并不是人类智能的全部，不同的人，其智能的强弱点会不同。例如：建筑师及雕塑家的空间感（空间智能）比较强；运动员和芭蕾舞演员的体力（肢体运作智能）较强；公关的人际智能较强；作家的内省智能较强等。他认为每个人都拥有八种主要智能：语言智能、逻辑—数理智能、空间智能、运动智能、音乐智能、人际交往智能、内省智能、自然观察智能。后来，又增加了第九种存在智能。

语言智能：指有效地运用口头语言及文字的能力，即听说读写能力。表现为能够顺利而高效地利用语言描述事件、表达思想并与人交流的能力。这种智能在作家、演说家、记者、编辑、节目主持人、播音员、律师等职业上有更加突出的表现。

逻辑—数学智能：从事与数字有关工作的人特别需要这种有效运用数字和推理的智能。他们学习时靠推理，喜欢提出问题并执行实验以寻求答案，寻找事物的规律及逻辑顺序，对科学的新发展有兴趣。即使他人的言谈及行为也成了他们寻找逻辑缺陷的好地方，对可被测量、归类、分析的事物比较容易接受。

空间智能：此智能强调人对色彩、线条、形状、形式、空间及它们之间关系的敏感性，感受、辨别、记忆、改变物体的空间关系并借此表达思想和情感的能力。这类人在学习时是用意象及图像来思考的。空间智能可以划分为形象的空间智能和抽象的空间智能两种能力。形象的空间智能为画家的特长，抽象的空间智能为几何学家特长，建筑学家形象空间和抽象空间智能都擅长。

运动智能：善于运用整个身体来表达想法和感觉，以及运用双手灵巧地生产或改造事物的能力。这类人很难长时间坐着不动，喜欢动手建造东西，喜欢户外活动，与人谈话时常用手势或其他肢体语言。他们学习时是透过身体感觉来思考。这种智能主要是指人调节身体运动及用巧妙的双手改变物体的技能。运动员、舞蹈家、外科医生、手艺人都有这种智能优势。

音乐智能：这种智能主要是指人敏感地感知音调、旋律、节奏和音色等能力，表现为个人对音乐节奏、音调、音色和旋律的敏感，以及通过作曲、演奏和歌唱等表达音乐的能力。这种智能在作曲家、指挥家、歌唱家、乐师、乐器制作者、音乐评论家等人员那里都有出色的表现。

人际交往智能：人际关系智能，是指能够有效地理解别人及其关系、与人交往能力。包括四大要素：

（1）组织能力，包括群体动员与协调能力。

（2）协商能力，指仲裁与排解纷争能力。

（3）分析能力，指能够敏锐察知他人的情感动向与想法，易与他人建立密切关系的能力。

（4）人际联系，指对他人表现出关心，善体人意，适于团体合作的能力。

内省智能：这种智能主要是指认识自己的能力，正确把握自己的长处和短处，把握自己的情绪、意向、动机、欲望，对自己的生活有规划，能自尊、自律，会吸收他人的长处。这种智能在优秀的政治家、哲学家、心理学家、教师等人那里都有出色的表现。内省智能可以划分两个层次：事件层次和价值层次。事件层次的内省指向对于事件成败的总结；价值层次的内省将事件的成败和价值观联系起来。

自然探索智能：能认识植物、动物和其他自然环境（如云和石头）的能力。自然智能强的人，在打猎、耕作、生物科学上的表现较为突出。自然探索包括对于社会的探索和对于自然的探索两个方面。

存在智能：人们表现出的对生命、死亡和终极现实提出问题，并思考这些问题的倾向性。

根据霍华德·加德纳教授的理论，可以认为，每个人都是聪明的，但聪明的范畴和性质有一定的差异，它揭示了不同的人会有不同的组合，因此形成了智慧与能力上的千差万别。用此理论，对自己进行分析，发现自己具备的优势、劣势智能，概略地对自我进行认知。另外，心理学家们还开发出了许多自我测量的工具，研究出了不同的自测方法，我们都可以用其进行自我分析。需要指出的是，市面上自我测试的工具，并不能精准地对不同的个体进行判定，它得出的结论也是概略的，人要全面地认知自我，需要进行综合分析。

3. 每面镜子里都有一个真实的你

人认知自己有一个很简单的方法，即学会从镜子中看自己。如此神奇的镜子在哪儿呢？体会一下你对这三个观点的态度：每个人都生活在群体中，这是无法规避的现实；每个人都会对他人的行为做出反应，这是人所特有的心理活动天性；每个人从小就学会了不少察言观色的技能，这是人生存的基本要素。能让我们认知自己的镜子，即是他人对我们行为的反应。只要你留心，就可以从别人对你行为的反应中，发现真实的自己。

记得小时候，经常与几个小伙伴相约去拾柴，其中有一个是村里的傻子，较我们长几岁。实事求是地说，我应是其中最贪玩的一个，别人拾柴要么以捡树枝为主，要么是捡庄稼的秸秆，到回家时都会捡满一筐，再看看我的筐里，什么都有，乱七八糟的，看到我的“果实”，其他小伙伴都会流露出一种让人感觉“看笑话”的表情。傻子常说：“回家你妈该打你了。”妈妈看了总会说：“凑合了事，懒货一个。”

当时，我并没有将这些事情放在心上，也没有细想过什么。如今细品，不难看出我思维的凌乱性特征，数学成绩给了我最好的验证，逻辑推理一般。从军经历中的一件小事，又让我从别人的认知中了解了自己的一个特性。

军队对打扫卫生的要求相当高，团长讲要不留死角，连长说得更透彻：“老鼠走不到的地方，你们也要打扫到。”班长在给我分配打扫任务时，总是扫院子、整理花草的活，时间久了，我有些不解，就去问班长这是为什么？班长说：“你做事情有激情、有速度，但不细致。”想一想，自己也确实有这个毛病。

他人的评价比主观自省更客观、真实，能帮你发现不曾认识到的自己的另一面。当然，对待他人的评价，也要注意认知上的完整性，不可偏听偏信，要经过多方信息的综合验证，恰如其分地认识自己。良好的人际关系，不但能助力于自己的事业，另有一项重要的功能就是帮助人的自我认知。事实证明，与人交往的强度和质量，与他人对你特性评价的确切性成正比，越准确，越能证明你与他交情的深度。

4. 通过尝试感悟自己

美国著名社会心理学家约瑟夫·勒夫特和哈林顿·英格拉姆，针对如何提高沟通效率进行了深入的研究，提出了“约哈里窗口”理论，认为人认识世界由四部分组成：公开、盲点、隐私、隐藏潜能。公开，就是自己知道别人也知道的关于自己的事情；盲点，就是自己不知道而别人知道的关于自己的事情；隐私，就是自己知道而别人不知道的关于自己的事情；隐藏潜能是指自己不知道别人也不知道的关于自己的事实，称为未知之事。约哈里窗口理论主要是教我们如何发现盲点、认知开发自身的隐藏潜能。

对自我潜能的认识，目前较为有效的办法是尝试。一方面，从组织角度，要勇于接受新任务、新挑战，以压力激发潜能；另一方面，对一些自己遇到的棘手问题，要善于动脑，培养钻研精神。当找到了解决问题的一种答案或方法时，在条件许可的情况下，从“一定还有更好的办法”的理念出发，迫使自己不断尝试，多多体验，日久天长则会发现很多未知的自己。

5. 常与心灵对话

人每天会处理大量的事务，当脱离这一环境时，想的第一件事情就是放松心情，好好休息一会儿，这是一个与心灵对话的好机会。此时，我们可以平静自己的心绪，沉淀自己的心灵，开始一场与自己对话的旅程。

与心灵对话，可以是在行为发生前，先在心灵中自问：这件事情我能做吗？我能做得很出色吗？有没有一个更好的办法，使之做得更好？也可以在事件之后。《论语·学而》中，曾子曰：“吾日三省吾身。为人谋而不忠乎？与朋友交而不信乎？传不习乎？”他是在梳理自我的尽责性，我们应借鉴的是通过自我反思、自我检查来认识自己，在重大事件中所获得的经验和教训，得到了解自己的个性、能力的信息，从中发现自己的优势和不足。

与心灵的对话，还可以是事后比较结果，为什么同一件事情，我做出的结果和别人不一样？对此，我们不是期望要用他人作为标杆，而是寻找一种开阔视野的途径，形成一种比较认知的习惯。

6. 用刺激感知自己

刺激感应是我多年实践过的认识自我和启发潜能的有效方法。它是指自己在承揽事物后，深度学习与之相关的知识并进行思考，从中得到启示的过程。当然学习也不是仅仅限于与事物相关的知识上。扩大知识面更有利产生灵感，通过阅读与优秀的思想相碰触，会产生奇妙的火花。也许正是那一瞬间的感觉，又增加了了解自我的契机。

第三节　领导者自我认知上的错误

正确认识自我不但是科学，而且是智慧。同时，在选择适当的认知方法的基础上，还应避开自我认知的一些陷阱。

1. 高估的自我

低能力的人都有高估自己的倾向与行为，高能力的人一般会低估自己。美国康奈尔大学的杜宁与克鲁格教授对此做了多次实验，在其中的一个实验里，杜宁与克鲁格先是找了一群康奈尔的在校学生，然后对他们的“幽默”“语法”“逻辑”等几项能力进行了测试。之后，再让参试者进行自我评估。结果是，成绩最差的那些学生对自我水平的认知偏差最大，其成绩处于12%百分比等级（即意味着，他们的成绩处于末尾12%的水平），但却有88%的人认为自己的百分比等级至少应该是67%。与此同时，那些能力更强者却反过来低估自己的能力。这种“越差越牛，越强越谦虚”的现象，被称为“杜宁－克鲁格效应”。

无独有偶，某大学委员会曾经面向829000名高中生进行调查，结果在“与他人相处”的能力上，只有不到1%的应试者认为自己的这方面能力处于平均水准之下，超过60%的人认为自己的这方面能力处于前10%的水准，大约25%的人认为自己属于顶尖的1%。

我们民族的面子文化，更容易促成人的高估行为，这一心理现象对于正确认知自我极其不利。

2. 陶醉在自我的世界

“这事你按我说的去做，绝对没有错。”似乎很多领导者都有过如此的豪言壮语。管理学家彼得·圣吉在其畅销书《第五项修炼》中有句话：“我们的心智模式不仅影响我们如何认知周围的世界，还决定我们采取何种行动。”每个人都有过认为自己的思维与行为胜过他人的时刻，即孤芳自赏。当人处于此状态时，对自己的认知便会产生偏执。

3. 自我欺骗

自我欺骗是基于对自己的不诚实、逃避自己，总谋求找出合乎情理的论据来让自己感觉合理、可以接受，从而掩盖真实的内心感受、责任，掩盖自己的狭隘、无知。自我欺骗是对自己的错误、弱点的虚假逃避和掩盖。如对于工作中的问题，有些人不是从自身寻求原因，而是找理由，归因于外。

自我欺骗的另一种看似合理的表现是“习以为常”。“习以为常”是人的思维陷入一个“死循环”里，不逼迫自己从新的角度去思考，只满足于用现有方法暂时地处理问题，守住、重复旧有的模式，活在某种“正常”之中，处在一种麻木、不明所以、从众和盲目的惯性之中。当人处在自我欺骗之中时，会变得无法自知与自省。

我们曾给自己挖了许多的认知陷阱。如将他人的恭维当作自我的优势；得到肯定或奖励，便认为自己高人一等；没有发生问题，便认定做法科学等。正确认知自我是发现自己的优势，发现自己的不足，发现自己弱于他人的短板，而不是比较优劣，沾沾自喜。有句广告词很好：“没有最好，只有更好。”

“只有认不清自己的人，没有认不清别人的人。”认识自我是人持续一生的课题。或许你无法完全抵达那里，但你可以无限地接近自我的真实，这是一条漫长的道路，也是领导者实施高效能影响力的基础。

第三章

沟通：填平心灵的间隙

“痛则不通，通则不痛”道出了“通”的重要。沟通是人生存的基本技能，更是领导者实施领导活动的基本功。美国著名未来学家奈斯比特认为：“未来的竞争是管理的竞争，竞争的焦点在于每个社会组织成员之间及其与外部组织的有效沟通上。”管理的过程就是沟通的过程，一个优秀的领导者一定是一个善于沟通的人。

培训时，经常做一则小测试，分三步依次进行。

第一步，描绘一个场景：在讲台上放一张桌子，桌子上放一块金砖（当然是假的），重量是25千克。而后，问大家：“有谁想把它搬回家？请举手。”结果，在所有参与的人中，仅有极少数的人表示有这样的意愿。

第二步，再将上面的场景描述得具体一些：在讲台上放一张桌子，桌子上放一块金砖，重量是25千克，如果谁能双手平托金砖于胸前，不弯腰直立行走100米，可将金砖据为己有。请问：“有谁想把它搬回家？请举手。”此时，有超过半数的人愿意一试。

第三步，把此场景描述得再细致具体一些：这是一场正式的比赛，我们聘请了市公证处的两名同志进行公证，比赛的规则是，将这张桌子上放置的重量25千克的金砖，以双手平托金砖于胸前、不得弯腰的形式，直立行走100米，即可将金砖据为己有。在两名公证员宣读公证词后，问大家：“有谁想把它搬回家？请举手。”这时我们看到了另外一个结果，有超过九成的人有意愿参与。

从此测验中，不难看出参与人员想赢得金砖行为意愿的变化，虽然三次测试的主题没有根本性的变化，但随着描述者给予参与人员信息量的增加，想赢得金砖的意愿不断上升，它概略揭示了人的动机与拥有信息的关系：人对事物产生行为动机的强度与其拥有的与事物相关的信息的多少或完整度成正比。沟通，除了信息传递、增进情感的功用外，还决定着执行意识的强度。

第一节　要精准理解沟通

沟通是为实现一定目的而进行的，在积极优化、畅通信息传递渠道的基础上，把人与人、人与群体之间的信息实施有效传递与反馈的过程。其内涵：沟通是为了实现一定的目的而进行的交流，没有目的性的交流只能是闲聊；沟通是把信息、思想和情感进行传递；沟通必须是双方（或一对多、多对一）；沟通是一个过程。

新华大字典对“沟”和“通”两个字的解释：

沟：人工挖掘的水道，引申为动词就是挖沟、疏通。本义是指田间的水道，后各种水道、壕沟均可称为沟，引申为与沟相似的浅槽。

通：无堵塞；能到达。它的本意指通达，没有阻碍。后引申为到达目的地，又引申为互相连接无阻断。也指使知道、传达于对方，或了解、懂得的意思。

辞海对沟通的解释是：开沟使两水相通，后泛指彼此相通。

松下公司的松下幸之助先生说："企业管理过去是沟通，现在是沟通，未来还是沟通。"通用电器公司原总裁杰克·韦尔奇说："管理就是沟通、沟通、再沟通。"著名组织管理学家巴纳德说："沟通是把一个组织中的成员联系在一起，以实现共同目标的手段。"任何组织都不可能离开沟通，只有沟通的渠道保持畅通，领导者才能掌握企业经营的真实情况，从而有的放矢，做出正确的决策，使决策得到顺畅执行，使成员了解组织目标、认同组织价值，主动地为组织目标奋斗、努力。有管理学者研究认为：领导者有70%的时间用在开会、谈判、谈话、报告、拜访、约见等形式的沟通上。有效沟通可以消除误会，增进了解，融洽关系。反之则会产生矛盾，形成隔阂，酿成内耗，影响工作，甚至伤害感情。

有一个人热情地邀请了张三、李四、王五、赵六四个朋友到家中吃晚饭。张三、李四、王五早早地就到了，可已经到了吃饭的时间，赵六还迟迟未来，请客的人有点着急了，自言自语："该来的怎么还没来呀？"张三心细，听了这句话暗想："我是不该来的？"于是起身，推脱有事告辞了。请客人看到这一情景，在想："是不是我说错了话，张三才走的呀？"于是赶紧向李四、王五解释："张哥一定是误会了，不该走的，怎么走了？"李四心想："看来该走的人是我。"于是也走了。这时候，王五对请客人说："看你说的，把他们都气走了。”请客人感觉到自己很委屈，辩解说：“我说的又不是他们。”王五一听，心想：“这里就剩下我一个人了，一定是说我啊。”他也生气地走了。

这虽然是一则笑话，却反映出了由于沟通问题产生出来的尴尬与困惑。

高效能沟通是提高决策质量的保证。团队智慧永远大于个体智慧，英明的决策需要沟通来支撑。一个领导者如果不充分了解信息，不掌握组织的基本情况，就很难做出正确的决策，而掌握这些信息和情况，包括人员的思想情况，最基本的手段就是沟通。

高效能地沟通是协调组织资源，实现组织目标的基础。单打独斗的时代已经过去了，实现组织目标更多的是需要各部门进行密切配合与合作。领导的职位越高，组织的规模越大，各部门关系的依存度会越高，需要协调的职能越强。通过有效沟通，组织部门之间、组织成员之间能增进彼此的了解，进而加深彼此配合的默契，提升工作效率。

高效能沟通有助于提高组织成员的工作激情。沟通是领导者激励下属、建立良好人际关系的重要方法，通过沟通可以使领导者更深层地了解成员的需要，关心成员的疾苦，从而提高成员的工作热情。领导的表扬、认可或者满意，通过不同的沟通方式传递给员工，就会形成一种特殊的工作激励。

第二节　什么影响了领导者与员工的沟通效果

美国加利福尼亚州立大学研究发现：在企业中，来自高层的信息只有20%～30%被正确地传递到基层；从下到上反馈的信息，只有不超过10%被高层知道并正确理解。不仅如此，现实中的很多事实也证明了沟通具有普遍的传递、解析偏差。通常情况下，人与人相互间简易性事务的沟通，其正确解析率在70%以内，较为复杂的思维判断性沟通，平均正确解析率则低于30%。发生这种情况有三大原因：一是沟通者的态度；二是沟通者的表达能力；三是沟通者的分析判断和理解能力。

沟通的态度决定了沟通的效果，态度的内在表现是思维，影响领导者沟通效果的思维主要有以下几种：

1. 乌纱帽思维

沟通具有平等性，它不同于强制命令和分派任务，是一种相互间的信息传递、交流与理念、情感的互动。如果领导者总是以领导的权威心理自居，就会摆不正自己的位置，给对方以高高在上的感觉。当对方有此感觉时，自然就为沟通平添了很多顾虑，不能尽情表达内心信息。同时，会过度猜测领导的话语内涵，形成过度的单向沟通，影响沟通预期效果的达成。

2. 自负式思维

领导者由于其所处的地位，有意或无意间会使其产生一种自负式思维。过高估计自己，片面地认为自己怎么想，别人也会怎么想，或总认为自己高人一等，比别人聪明，这种思维往往以语言、行为等方式表现出来。

战国晋文公重耳，年轻时曾因种种原因被迫出走他国，先是遭到父亲晋献公追杀，后是兄弟晋惠公追杀，为了躲避追杀，一路上疲于奔命，惶惶然如丧家之犬，经常弄得食不果腹、衣不蔽体。有一年逃到卫国，一个叫作头须的随从偷光了重耳的粮食，逃入深山，一去不返。真是“虎落平阳被犬欺”，饥饿难耐的重耳只好屈尊向路边的农夫乞讨，要一口饭来果腹，不但没要来饭，反被农夫们用土块当成要饭的乞丐戏谑了一番。原来跟着他一道出奔的臣子，大多陆续各奔前途，另寻主子去了，只剩下少数忠心耿耿的人，一直追随着他，介子推就是其中一个。为了让重耳活命，介子推躲到山沟里无人的地方，忍痛把自己腿上的肉割了一块，与采摘来的野菜同煮给重耳充饥。事后重耳知道是介子推把自己腿上的肉割了给自己吃时，大受感动，声称有朝一日做了君王，定要好好报答。

逃亡生涯结束后，62 岁的重耳回国当上了晋国国君，这就是春秋五霸之一晋文公。执政后的晋文公想起当年和他有难同当的那些臣子，此时当有福同享，于是大行封赏，唯独忘了介子推，有人在晋文公面前为介子推叫屈。晋文公忆起旧事，心中有愧，马上差人去请介子推上朝受赏封官。可是差人去了几趟，介子推就是不来。

晋文公只好亲自去请。当晋文公来到介子推家时，只见大门紧闭，介子推已经背着老母躲进绵山隐居了。晋文公报恩心切，便让他的御林军进绵山搜索，没有找到。于是，有人出主意，放火烧山，三面点火，留下一方，大火起时介子推定会自己走出来。晋文公乃下令举火烧山，孰料大火烧了三天三夜，大火熄灭后，终究不见介子推出来。上山一看，介子推母子俩抱着一棵烧焦的大柳树已经死了。晋文公望着介子推的尸体后悔莫及。酿成此悲剧的罪魁祸首即是晋文公的自负思维，他用自己的思维方式去看待介子推，忽略了人的个性，结果事与愿违。同样一件事，不同的人有不同的想法。

另外，自负式思维会对信息进行人为堵塞，不能辩证地听取、分析他人的观点、思想，从而错失高价值信息，降低对问题分析和判断的准确性。当沟通中的一方感觉到领导者的自负时，就会盲从领导者的观点，实施自我封闭，不让自己真实的思想表达出来，领导者也就失去了得到更多对方真实思想的机会。

3. “心秤”式思维

在本书的第一章，我们对人的价值观体系进行了分析，知道每个人对世间的所有事物，都有自己的价值观和评价尺度，即自我的“心秤”系统。与人沟通时，总是会不时地拿出自己的“心秤”来衡量对方观点的对错，就形成了“心秤”式思维。当沟通一方的理念与自己有类同之处时，会产生欣慰感，乐意倾听与接受对方的信息；反之，则会降低倾听的关注度，甚至还会表现出心不在焉。其实，沟通的关键目的往往不是对自我的观点进行赞同率测试，而是听取不同的见解、方法、意见。“心秤”式思维容易形成自我封闭，不能博采众长，沟通时过分强调自己的观点，为自己的观点进行辩护。同时，不善于从对方的角度看问题，喜欢寻找对方的弱点和不足，这无疑阻碍了信息的有效传递。

4. 晕轮性思维

美国心理学家凯利（H. Kelly）经过研究、观察，提出了晕轮效应，也叫光环效应，它影响着人们对人及事物的认知，类似于爱屋及乌。当一个人的某种品质给人以非常好的印象时，人们就会感觉这个人的其他品质也会很好，带有晕轮效应的沟通会让我们产生错误的认知与判断

5. 窥探性思维

人们常常把沟通当成窥探他人内心隐私的工具，或者有意无意间将本来对等的信息交流变成了相互间心灵的刺探。沟通的重点是信息的交流，如果变成了尔虞我诈式的心理防御与进攻拉锯战，效果只能适得其反。

6. 虚诚性思维

虚诚性思维是使对方无法在沟通中感受你的诚意，感觉到沟通是流于形式、应付事务所表现出来的思维方式。它的突出表现是领导者在沟通时拿官腔、说官话、搞形式、走过场。在自己说话时，滔滔不绝，引经据典，好为人师，自以为是；当对方说话时，抓耳挠腮，急不可耐，左顾右盼，虚应了事。

思维决定行为，为确保沟通高效，领导者应该克服不良的沟通思维方式。

员工不把企业当成自己的企业，最大的原因来自心的隔阂，这种隔阂的本质是与领导者的隔阂。是什么造成了领导者与员工间的隔阂呢？这就是我们有必要注意的沟通认知误区。

7. 偏向于“利”的立足点

领导者与部属沟通，站在组织发展的角度，以组织的利益为中心，这本无可厚非。因为只有组织发展了才更有利于部属，这是一个双赢游戏。但很多领导者很多时候在与部属沟通时，都会让部属感觉到领导者只是为组织利益着想，而没有或很少想到部属的利益、部属的发展。试想一下，只为你好，无利于我，我会说心里话吗？

8. 我的心不在焉，对方应理解

沟通时，专注的态度会让对方感觉到你对此次沟通的重视与对对方的尊重，自然对方也会以负责的态度来表达自己真实的思想。当然，大多数的领导者进行沟通的本意是真诚的，可意外的电话、频繁的接应来访，甚至过多的斟茶倒水，会让人感觉你重视不够、心不在焉。

9. 我的聪慧是事实

领导者在沟通中总认为自己的经历很丰富，有着很多的经验、教训，有着高人一等的聪明才智。当对方有与自己的观点、理念相违的想法时，就会感觉这是错误的，甚至不等对方表达完就进行干预、修正，使沟通变成指导谈话。当对方感觉到被操控时就会违背本意，顺着你说、顺着你想，使沟通失去了应有的意义。

10. 质疑是理所应当

适时对某一问题或观点提出质疑，有启发对方思维的作用，但如果把质疑表现为多疑，则会适得其反，成为沟通的最大敌人。坦诚是沟通的最好帮手，多疑不但会让别人对你的人格产生怀疑，也会伤害别人的尊严。沟通就是信息的交流，不要总是质疑。当质疑过多时，很多人会理解成：他在怀疑我表达信息的真实性。一旦产生这种感觉，对方会在心里设防。

11. 情绪不影响沟通

影响沟通最大的因素是情绪，一个情绪激动的人是很难理智地处理问题的，更谈不上有清醒的思维了。心理学家研究发现，成年人在情绪激动时，思维能力只能达到少儿的水平。只有保持稳定的情绪，沟通才能更有效果。

这些影响沟通的认知误区往往不会引起重视，但它会严重影响沟通的效果。

第三节　高效沟通的基本原则

沟通是一项目的性极强的信息传递、情感互动、理念显示与谋求认同、构筑决策到执行畅通行为通道的过程。实现这一目的，领导者不但要有正确的态度、心境，还应懂得并遵守沟通的基本原则。

1. 平等尊重

沟通是双方敞开心扉的活动，从人的基本心理来讲，每个人的内心世界都具有极强的隐秘性，不会轻而易举地向他人展露。所以，沟通的前提是要彰显对对方的充分尊重。捧出一颗尊重的心，可以让我们得到更多的真诚。

2. 相互理解

人与人之间正是因为有分歧，需要统一认知才产生沟通的需求。分歧是沟通的前期状态，这就要求我们在沟通过程中必须坚持相互理解的原则。从认知差异到价值取向的趋同，是一个复杂的过程，也是一个艰辛的交流、辩论过程。在这一过程中，沟通双方时刻都要保持相互理解的心态，只有这样才不至于使沟通失去目标，造成失败。

任何一件事情，不同的人会产生不同的看法，因为每个人都有自己的价值观。价值观不同，看事情的角度也会不同，评价事情的尺度也不同。鲁迅先生说："一本《红楼梦》……经学家看见《易》，道学家看见淫，才子看见缠绵，革命家看见排满，流言家看见宫闱秘事。"大文豪苏轼描写庐山的诗："横看成岭侧成峰，远近高低各不同。不识庐山真面目，只缘身在此山中。"形象地描绘了从不同角度观景所产生的不同景象。

英国思想家罗素是20世纪最具影响力的思想家，他在《中国人的性格》一文中讲了这样一则故事：1924年，罗素第一次来到中国四川的峨眉山，当时正值夏天，天气非常闷热，罗素就和他的几个同伴雇了滑竿，坐着上山。由于山路陡峭险峻难行，抬滑竿的人都累得大汗淋漓。看到此情此景，罗素想：抬滑竿的人一定痛恨他们几位坐滑竿的人，这么热的天还要他们抬着上山。到了山腰的一个小平台，罗素下了竹轿，认真地观察抬滑竿的人的表情。看到他们坐成一行，拿出烟斗，又说又笑，丝毫没有抱怨天气和坐滑竿的人的意思。他们还饶有兴趣地给罗素讲自己家乡的笑话，很好奇地问罗素一些外国的事情，在交谈中不时发出高兴的笑声。

罗素认为：用自以为是的眼光看待别人的幸福是错误的。价值观不同，对问题的理解也不同，你想当然的事情，别人不一定也会想当然。

有一次，科学大师霍金在做完学术报告后，一位年轻的女记者捷足跃上讲坛，面对这位已在轮椅里生活了三十余年的科学巨匠，深深景仰之余，又不无悲悯地问："霍金先生，卢伽雷病已将你永远固定在轮椅上，你不认为命运让你失去太多了吗?"

这个问题显然有些突兀和尖锐，报告厅内顿时鸦雀无声，一片肃谧。霍金的脸庞却依然充满恬静的微笑，他用还能活动的手指，艰难地叩击键盘。于是，随着合成器发出的标准伦敦音，宽大的投影屏上缓慢，然而醒目地显示出如下一段文字：

我的手指还能活动，我的大脑还能思维；

我有终生追求的理想，我有我爱和爱我的亲人和朋友；

对了，我还有一颗感恩的心……

心灵的震颤之后，掌声雷动。人们纷纷涌向台前，簇拥着这位非凡的科学家，向他表示由衷的敬意。

理解不一定是认同具体的观点，理解的根本是认同差异。

3. 宽容大度

《不列颠百科全书》中对宽容的定义是：宽容即允许别人自由行动或判断；耐心而毫无偏见地容忍与自己的观点或公认的观点不一致的意见。《现代汉语词典》对宽容的解释是：宽大有气量，不计较或不追究。

生于1918年的纳尔逊·曼德拉，是第九位南非总统，也是民主选举出来的首位南非总统。当年曼德拉领导反种族隔离运动时，南非法院以密谋推翻政府等罪名将他定罪，判决曼德拉在牢中服刑了27年，其中大多数的日子在罗本岛度过。1990年2月11日出狱，1993年获得“诺贝尔和平奖”。

1994年，南非白人格里高便成天生活在不安中。因为这一年，他曾看守了27年的要犯曼德拉（Mandela），顺利当选为南非总统。格里高常常回想起自己对曼德拉的种种虐待。那是在蛮荒的罗本岛上，到处是海豹、毒蛇和其他危险动物。曼德拉被关在锌皮房里，白天要去采石头，有时还要下到冰冷的海里捞海带，夜晚则被限制一切自由，因为曼德拉是政治要犯，格里高和其他两位同事经常侮辱他。动不动就用铁锹痛殴他，甚至故意往饭里拨汗水，强迫他吃下……

到了5月，格里高和他的两个同事收到了曼德拉亲自签署的就职仪式邀请函，3人只能硬着头皮去参加。

就职仪式上，年迈的曼德拉起身致辞："能够接待这么多尊贵的客人，我深感荣幸。可更让我高兴的是，当年陪伴我在罗本岛度过艰难岁月的3位狱警也来到了现场。"随即他把格里高3人介绍给大家，并逐一与他们拥抱。"我年轻时脾气暴，在狱中，正是在他们3位的帮助下，我才学会了控制情绪……"

曼德拉这一番出人意料的话，让虐待了他27年的3人无地自容，更让所有在场的人肃然起敬。人群中爆发出经久不息掌声。仪式结束后，曼德拉再次走到格里高的身边，平静地说：

"在走出囚室，经过通往自由的监狱大门那一刻，我已经清楚，如果自己不能把悲伤和怨恨留在身后，那么我其实仍在狱中。"

格里高禁不住泪流满面，那一刻他终于明白，告别仇恨的最佳方式是宽恕。

宽容别人，其实就是宽容我们自己。大多数人都明白自己在说什么、做什么，自己的所作所为对别人会产生什么，即使是当时没有感觉，过后也会清醒。当我们施以宽容时，对方也会审视自己，进而感觉到自己的缺失，这无形就让双方多了一点空间。宽容就是不勉强与自己不一致的意见。

4. 以诚相待

以诚相待是打开人心灵之门的钥匙，是成功沟通的前提。付出真诚会得到真诚的回报，真诚是一种尊重的心态，真诚的原则是一个通用的原则。不管我们是在沟通中还是在工作、生活中，都要遵守这一原则，对人以诚相待。

5. 目标统领

沟通应围绕预定目标，进行信息传递和观点交流。现实中，丢失或偏离沟通目标的现象非常普遍，这往往成为沟通失败的主要原因。如两人在骑自行车上班途中发生了碰撞，造成一人身体擦伤，此时，双方需要沟通解决这一问题，沟通的目标是如何解决造成的伤害。它的核心是明确责任者，讨论具体的赔偿方式。但处理中，往往因一方或双方忘却目标，情绪激动、出言不逊，而大动干戈。如甲骂乙：“你没长眼睛吗?”乙也会回敬：“你瞎呀?”……发展下去，需要解决的问题早已无影无踪了，主要问题就是偏离了沟通目标。

沟通时，应时刻提醒自己，不要节外生枝，围绕需要解决的问题，展开交流和讨论。当出现较大分歧，无法在短时间内统一认识时要暂时停止，或进行冷静思考，对自我观点进行检讨，或另选时机进行沟通，切不可进行人身攻击。

第四节 终极的沟通目标

沟通有三重境界，它是一个由知事由到知意图，再到知理念的过程，理念相通是理想的沟通境界，非通常情况下能够达到。

1. 知事由

它是指沟通双方能将事务的基本信息传递清楚，说清想说的话，表达想让对方知道的信息；另一方则能听清对方表达的信息内容，无丢失、无误解。这是对沟通的基本要求。

2. 知意图

在听清对方描绘事务的完整信息的基础上，能理解对方向自己传递这一信息的意图是什么，即表面的语言信息没有明说，却又想让对方知道的信息。如某领导在检查卫生时，指出了卫生区中有垃圾没有及时清理的问题，它所传递的不单单是要求你把现有的垃圾清理的信息，而是要你建立垃圾能得到及时清理的制度，以确保持续性的清洁。

3. 知理念

通过沟通，在使对方准确理解所表达信息的含义的同时，不但知道对方的意图，还要知道对方的基本理念，这是沟通的最高境界，也是对沟通的最高目标要求。达到这一境界，不仅需要相当长的时间，还需要对方具备与你相适的性格特质条件。如果我们做一个形象的描述，即当你想让对方完成一个任务，在并没有做详细说明的情况下，对方心领神会地去执行，而且做出了比你预想的更好的效果，这达到了知理念的沟通境界。它是团队战斗力顶峰的标志，特别是在重大问题上，更需要理念相通。

沟通的三重境界，体现着沟通的三种效能，同时催生了工作主动程度的三种状态。如仅停留在知事由层面，我们得到的是机械式执行，谈不上主动性，是沟通效能最低的一种结果；当达到知意图时，决策者得到了更理想的执行结果，执行者会产生因欣赏自己的出色成果而得到快慰感，是主动积极执行的良好状态，决策能达到预期的效果；当达到知理念的境界时，领导者很多情况下不再需要具体的详细事务描述，执行者会根据领导者的理念主动进行工作，是沟通效能最高的表现。

成功学大师卡耐基说："我们天天在沟通，但每一次都会有不足和收获，进步就是让不足少一点，收获多一点。达到这一目标，唯一的方法就是不断地学习、思考、改进。"实现高效能的沟通不会易如反掌，但也不是高不可攀，它是可以习得的技能，其提升是一个长期积累与学习的过程，也是方法不断丰富、技能不断熟练的过程。

4. 说出你真实的想法

沟通是双边或多边行为，前提是发起者以真诚的态度进行组织和控制。而后，将真实的信息准确地传递给对方。只有我们表现出真诚，别人才会还以真诚，只有我们准确地说出自己的想法，别人才能准确地进行回应。

让对方猜测你的意图，很容易造成先猜人后论事，使论事的观点带有倾向性。因为论事者，大多愿意附和领导者的处事风格。真诚地表达你的意图，再进行开放式的沟通，最容易得到别人真实的想法。说出真实的想法，关键是让对方听清你说了什么。做到这一点并不难，只要让对方复述你讲的关键意思就可以了，但不要过多地使用，以免给人啰嗦的感觉。

5. 表现出你的信任

沟通的基础是信任。言为心声，沟通双方不但都在思考所传递的信息，还在观察对方的态度，我们表达出的不仅是想法，还显露出你对对方的信任。

眼睛是表达信任的窗口，交流中应有礼貌地注视对方，但不能死“盯”一个地方不动，最好的地方是两眉中间偏上的位置，并适时进行目光的调整。

用肢体语言表达你对对方的信任。适时使用点头、微笑、沉思等表情，表达你对对方所谈内容的重视与关注，则会让对方感觉到你是全身心地投入到了沟通中，从而产生信任感。心理学家研究发现，在交流的总体构成中，7%是你在说什么、38%你是怎么说的、55%是你的肢体语言。对重要的内容，我们可以加重语气进行强调，或者放慢语速；对于不重要的，我们可以放快说的速度，或者一点而过。

适时提问。当你对对方的表述不太明白，或存有疑惑时，要找准时机，果断提出你的疑问，这会让对方感到你的信任与重视。

最易让人产生不信任的行为是：眼神左顾右盼，注意力不集中；随意走动，漫不经心；打断对方表述，插入其他内容等。

6. 听清别人在说什么

沟通，要听清别人在讲什么。如果你能做到让对方感觉到你在认真倾听，就会激励对方更深层的袒露心迹，它是掌握对方内心世界的重要方法。

被誉为世界最伟大营销员的乔·吉拉德的一次售车经历，真实地揭示了倾听的重要。

一次，乔·吉拉德顺利地与一位客户达成了销售意向，但在客户准备付款时，乔·吉拉德的一位同事插话说起了昨天的篮球赛，乔·吉拉德出于礼貌，只能与同事搭讪，不料客户看到此情景掉头就走，眼看着成交的销售落空了。乔·吉拉德冥想苦思，不得其解，当天晚上他给客户拨通了电话，询问客户突然改变主意的原因。客户不高兴地在电话中告诉他："今天下午付款时，我同您谈到了我们的小儿子，他刚考上密西根大学，是我们家的骄傲，可是您一点也没有听见，只顾跟您的同伴谈篮球赛。"听到此，乔·吉拉德明白了，生意失败的根本原因是因为自己没有认真倾听，冷落了客户。

倾听是对表述者的尊重，倾听是得到准确信息的手段，倾听是拉近与对方情感距离的法宝。对倾听的不以为然，不会得到我们所需要的信息。

少说多问，鼓励对方倾诉自己的观点。鼓励对方多说，既是一种礼貌，又能建立融洽沟通氛围，可以降低双方的职级意识，创造平等的交流环境。闭嘴容易做到，但多问就需要智慧了。多问不是胡乱发问：一是在关键节点上自己没有听明白或有疑问时，适时地简要发问；二是当对方的表述偏离了交流主题时，通过发问使对方重新回到谈话的主题；三是当对方对交流产生消极想法时，你感觉到对方还有观点没有说出时，进行启迪性的发问，以深层挖掘其思想观点。

让你的眼睛告诉对方，你很感兴趣。眼睛是心灵的窗户，人判断你是否在聆听，是否对其所说的感兴趣，常常是通过你的眼睛和面部表情判断的。左顾右盼会告诉别人你心不在焉；目光静止于对方面部的适当点，加以点头或者微笑的表情，就可以显示你在专注地倾听，或者对其表达的内容、观点感兴趣。另外，让你的双手停下来，不要随意摆弄小东西，也是专注倾听的表现。

每个人说话都有其特点，有的语速慢、有的语速快、有的经常会停顿……别人停下来并不表示已经说完了想说的话，这需要倾听者正确把握，以确定对方表达的完整程度，从而确定插话的时机。不要随心所欲，根据自己的思维来打断对方的谈话，这样不仅不礼貌，还会干扰别人的思维。一次，麦克阿瑟将军在夜里查哨，他看到一个士兵瑟瑟发抖地蹲在草丛中，说道：“这样寒冷的冬天你还坚守潜伏在这里，真是精神可佳，我来替你一会儿。”士兵惊慌地喊道：“不能，将军！”麦克阿瑟还没等士兵说完，就一把把他拉了起来，自己蹲了下去。“什么味道？怎么这么臭?”麦克阿瑟问道。士兵说：“我白天闹肚子，来这是大便。”

不要小视倾听，成功地沟通，总是从倾听开始，除非你是在下命令。

7. 适时赞美

在沟通中适时、正确使用赞美会收到事半功倍的效果。当对方的观点与你的观点一致或相近时，应用肯定的语言进行赞美：“好，我也有同样的感觉!”当对方的观点与你的观点相左时，要用鼓励性的语言：“有新意，说下去，我正想听听你的独到见解!”注意，在沟通中要尽量少使用结论性的赞美，如“你说得非常正确”，以给讨论留有更大的空间。

8. 知道对方真实的想法

不同的人有不同的表达方式，嘴上说的不一定是心里想的。与人相遇时，常会听到：“很久没有见您了，有时间我们坐坐吧?”意思好像是要请你吃一顿饭，其本意不一定，因为他使用了一个词“有时间”，表明我现在不一定有时间。再有，就是你不一定有时间，就是你有时间，我还是可以没有时间。人流中，心口不一、口是心非者大有人在，听懂别人真正的话语含义是一项重要技能。只有明白对方信息传递的真意，才能使我们做出正确的判断。

多角度的观察，是听懂对方信息传递意图的有效方法，肢体语言往往能显露出其内心世界。当我们与人沟通的时候，语言的表达与肢体动作一般是统一的，这两者如果让一方感觉到矛盾，其表达的真意一定就有问题。所以，沟通不仅仅是信息的传递，还是一个读人心理活动的过程，这一点需要我们认真观察和学习。

9. 互通双方的感想

准备——发送信息——接收信息——分析信息——反馈，构成了完整的沟通过程。将你与对方交流后的感想告诉对方就是反馈，它分为两种情况：一是沟通过程中，依对方的要求进行回应；二是在沟通后，将你或组织对对方建议或观点的采纳情况反馈给对方。

反馈要具体、明确。当对方发出反馈需求信号时，要做出清晰的表示，如“我听明白了”“我正在考虑你的建议”或“你的建议很有见地，我们接下来会进行专题研究”等。反馈要有针对性，有的需要态度上的认定，有的需要观点上的认定，要根据不同的要求进行回应。反馈要具有建设性，就是不要草率地对对方的观点下否定性与武断性结论，这种反馈会大大挫伤对方的积极性。反馈要对事不对人，反馈忌讳诋毁人格，严禁使用侮辱性的语言。

接受反馈是反馈的重要环节，要抱着谦虚的态度，真诚地倾听对方的反馈意见，不要打断别人，即使是不恰当的评价。对于与你本意出入较大的反馈，只能在对方讲完后，进行心平气和的解释与澄清，否则会伤害对方沟通的积极性，影响以后的沟通。要控制好自己的情绪，平静地对待过于刺激的反馈意见，切不可引发冲突。

沟通没有方法，只有原则和道理。因为每次的沟通不可能是一样的情景。人不同，方式也不同；沟通的问题不同，方式也不同；同一个问题换一个人沟通，还会不同。所以，我们应注重从“道”的角度理解沟通，不断地体会学习，以提升自己的沟通水平。另外，我们要把沟通作为提升工作主动性的基础工具，对于每一次的沟通都应从实现信念同化的角度出发，以最大限度地传递深层信息，增强信任。通过沟通变让其做为其愿意做、主动向好做。

中　篇

启发员工主动性的根本法则：感受价值

每个人都会不时地评估自己的价值，通过对自我价值的判断，决定为行动输送的能量。如果我们画一条纵向的价值坐标线，中间标定为零基准点，向上100封顶，向下100触底。当自我评估处于正值时，其人生认知则处于阳光时段，思维和行为会积极而有活力，时刻会为自己或他人贡献价值，自我的估值越大，工作、生活的主动性越高；当自我评估为零点时，其人生认知则处于一切皆无所畏的状态，被动而无动力；当自我评估处于负值时，其人生认知则处于消极、无望、怨恨的状态，对自己或他人的攻击会随时发生，评估绝对值越大，对自身、社会、他人的危害越大。

企业的效能取决于员工对待工作的态度，而员工的态度则取决于其对自我的价值评估。那么，影响员工自我价值评价的因素是什么呢？有人认为是薪酬，有人认为是环境，有人认为是企业前景……其实都不确切，调查研究证实，在组织环境中，对员工价值认定影响最大的是其直接的领导者。因此，领导者主要的职责是采取必要的措施，让员工感觉到自我价值在不断提升，有幸的是我们发现、探讨出了一套方法。

领导者虽然不能决定员工积极主动工作的态度，但可以通过行为对其态度施加影响。

第四章

启发主动性，打开信念的枷锁

当人进入成年后，做事情都会权衡利弊，用什么权衡、标准是什么、为什么要权衡，它的基本工具就是信念。信念是行为的准则，是行为的参照物，正因为如此，它有时也会成为人对新鲜、陌生事物探索的枷锁。

第一节　什么是企业人的“信念”

信念是当今的热门词语，但大多数人并不能清晰地说明什么是信念。它在有些人的脑海里只是一个模糊的概念，甚至当成一个“物件”，感觉到需要用时，就信手抓来，抛将出去用用。在解释人生的大广场里，还有一些常用的“物件”，如理念、观念、人生观、价值观、世界观、态度、道德等，人们对此也有着类似于信念的感觉，模模糊糊、扑朔迷离、若隐若现。

1. 理念、观念

《辞海》（1989）对理念的解释有两条：看法、思想，思维活动的结果；理念、观念（希腊文 idea），通常指思想，有时亦指表象或客观事物在人脑里留下的概括的形象。

观念有一种解释是“在脑海中形成的公式化想法；系统而确切的思想或观念”，也可以简单地理解为“概念”。比较理念与观念的内涵，我们发现意思极其相似，如果穷究其区别，可以将理念理解为上升到理性高度的观念。其演进过程：意念——观念——理念。理念与观念应该是两个非常近义的词。通俗讲理念正规而有文采；观念相对通俗；观念是一个中性词，没有好坏、正确与否；理念是相对于自己认为正确的观念，也是一个中性词。其实，理念与观念对于非专业研究的我们来说没有必要搞得那么清楚，统统理解为“对人或事物的基本看法、想法、理解”就够了。

2. 人生观、价值观、世界观

这是我们常常说的“三观”。

人生观是人对自己生存于世间目的、意义的认识，即我以什么样的形象、状态、方法展现给他人或社会，我要给社会带来什么、在社会中我的价值是什么等。如“我应该有作为，以影响他人，影响社会”“我不想活得太累”“有足够的钱，别人才会看得起”等，这些都属于人生观的内容。人生观是人对自我的审视，决定着人的思维、行为的方式和方向，决定着对待社会、他人、自己的态度。

中国社会科学院哲学研究所研究员周国平教授对自己的人生观在《人生哲思录》中做了详细的描述：

我的人生观若要用一句话概括，就是真性情。我从来不把成功看作人生的主要目标，觉得只有活出真性情才是没有虚度了人生。所谓真性情，一面是对个性和内在精神价值的看重；另一面是对外在功利的看轻。一个人在衡量任何事物时，看重的是它们在自己生活中的意义，而不是它们能给自己带来多少实际利益，这样一种生活态度就是真性情。

人生观在具有相对稳定性的同时，还处于变化状态，它会因受到他人、社会等外界的影响而随时进行自我修正。它具有独特性，每个人都有自己的人生观，尽管有些与他人相近，但绝对不会完全相同；它还具有组织属性，不同的组织会倡导不同的人生观。它核心任务是认识与处理个人发展同社会进步的关系。如果排除一切外部条件，人生观没对错之分，评价其正确与否的关键是看其是否符合社会或组织的要求，符合的即是正确的，不符合的即是错误的。

价值观是人从价值角度对人、事、物的认识和解释，是对自我行为结果的意义、作用、效果和重要性的认定。它以对自己或与自己有关联的组织的利益、作用为标准，进行比较，进而生成理解。如“这件事情没有意义”“相对于我的目标来说它的价值太小了”“这个人对我没有任何作用”。人在构建人际关系时，大都以价值观为标准，它是人际关系的基石，正像人们说的“富在深山有远亲，穷走对面不相识”。它与人生观具有同样的相对稳定、独特属性；是影响人思维、行为的重要因素，没有对错之分，判断好坏只能与社会或组织的价值观比较、衡量时才能得出。人只有认为事有价值才会行动，否则会敷衍、应付。价值观是人的一个认知系统，有核心价值观，也有一般性的价值观；人的价值观系统是由若干个价值观组成的，相互间可以关联，也可以解释。所以，当其中的一个发生改变时，其他的也会跟着变化。

价值观是后天形成的，会因每个人的生活方式、受教育经历、所处的环境的不同而不同。行为科学家格雷夫斯（Graves）对企业组织内的人做了大量调查，对每个人的价值进行了分析归类，概括出以下七个等级：

第一级，反应型：这种类型的人并不认为自己和周围的人是作为人类而存在的。他们可是照着自己基本的生理需要做出反应，而不顾其他任何条件。这种人非常少见，实际等于婴儿。

第二级，部落型：这种类型的人依赖成性，服从于传统习惯和权势。

第三级，自我中心型：这种类型的人信仰冷酷的个人主义，自私、爱挑衅，主要服从于权力。

第四级，坚持己见型：这种类型的人对模棱两可的意见不能容忍，难于接受不同的价值观，希望别人接受他们的价值观。

第五级，玩弄权术型：这种类型的人通过摆弄别人、篡改事实，以达到个人目的，非常现实，积极争取地位和社会影响。

第六级，社交中心型：这种类型的人把被人喜爱和与人相处看作重于自己的发展，受现实主义、权力主义和坚持己见者的排斥。

第七级，存在主义型：这种类型的人能高度容忍模糊不清的意见和不同的观点，对制度和方针的僵化、空挂的职位、权力的强制使用，敢于直言。

管理学家迈尔斯等人依照这个结论，在 1974 年就美国企业的现状进行了对照分析。他们认为，一般企业人员的价值观分布于第二级和第七级之间。就管理人员来说，前期一般属于第四级和第五级，后期则会逐渐进化到第六级、第七级。

分析企业中人的价值观，对管理具有重要意义。

世界观是人对外部的人与人、人与事、事与事、物与物、人与物等社会关系的一种认识、解释及方法，即我认为的世界的样子，及我认识、解释世界的角度。世界观的基本问题是意识和物质、思维和存在的关系，根据对这两个问题理解的不同，形成了两种根本对立的认识、解释，即唯心主义世界观和唯物主义世界观。

人生观、价值观、世界观是影响人思维行为的主要心理因素，三者相互依存、相互影响、相互作用。正确理解其内涵及意义，对分析人、认识人具有基础性作用。如果不懂得“三观”，领导即是空谈。

态度是人对人、事、物的倾向性反应，它的基础是人的人生观、价值观、世界观等。如“这个人我喜欢”“此事做得极其错误”“我最害怕蛇”等，态度不能独立存在，它只能依存于理念、观念、三观之上。态度具有情感因素，人会因认知的变化产生情感的变化，进而增强或减弱倾向程度。

还有一个概念——成熟，也需要简单讨论一下。

什么是成熟，不是会处理事情就叫成熟。简单理解，成熟就是知道了、明白了、想通了。它是基于“三观”对于人、事、物的综合系统分析。当你走在大街上，对面一个人劈头盖脸骂了你一顿，你怎么处置？与其对骂，甚至拳脚相加，这是不成熟的人；吃惊地瞪了一眼，心想多一事不如少一事，骂两句也没有少什么，心中怀揣不快走开了，这是快成熟了，但仍然是没有成熟；吃了一惊，但很快笑了，心想这个人可能是神经病，或者认错了人，或者我原来得罪过人家，现在没想起来，或者……总之，我不会与他计较，如果我应该挨骂那是应得，如果不应该就是他错了，反击没有意义，这是成熟了。不明白就永远不会成熟。

对这些观念有了初步的认知后，我们可以讨论现在的主题——信念。

在百度上搜索信念，发现了不少于五千六百万的结果，毫不夸张地说，如果有一万个人，就会有一万个定义，孰是孰非，只能由大家自己判断了。信念是人对一切事物的意义的理解、解释，它是人对事物的内在评价系统，是自己相信或者确认了的理念，有对想法、观念高度认可的内涵，具有提供精神动力的作用。它是对理念、观念、态度、“三观”等的概括，有了这一概念，我们可以用它来代替上述众多的词汇了。

信念具有复合性，它可以用信念定义或确认信念；信念具有相对的稳定性；信念具有独特性，世界上没有两个信念完全相同的人。信念的外在表现是对事的认可与追求程度，或对观点的肯定与否定强弱程度。

人对自己的看法、对他人的看法、对世界的看法、对事物的看法等，形成了人整体的信念系统。它是一个体系，如同一棵大树，有主根、从根、须根、主干、支干、叶子。信念有以核心信念为主的骨架信念，也有类似于从根、支干的普通信念，还有若干类似于须根、叶子式的无关轻重的微价值信念。

信念是人的力量源泉，它是欲望的裁判官，为情绪和欲望指明方向，并提供心理精神上的驱动力。分析掌握人员的信念，正确实施引导，是调动人积极性的根本。

第二节　信念的力量

1. 信念的形成

信念不是先天就有的，人的信念会受遗传的影响，但形成主要还是受后天因素的制约。信念的形成是一个反复、渐进的过程，通常遵循下列程序。

初步认识：儿时，我们第一次看到羊吃了农民种的庄稼，妈妈告诉我们：“这是不对的，是放羊人没有看好造成的。”对此，我们有了最初的认识，形成了一个较为朦胧的意识：羊吃了农民的庄稼是不对的，责任在放羊人。

再次认识：当第二次出现这种情况时，也许是父母或其他人，会再次告诉他同样一个观点：羊吃了农民的庄稼是不对的，责任在放羊人。他会将此观点在大脑中深化，形成初步的意识。

第三次出现类似的情景时，不管是谁向其表述前面的观点，对他都会起到固化的作用，于是基本就形成了一个信念：羊吃了农民的庄稼是不对的，责任在放羊人。

对于重要的信念，或者核心信念，它的形成可不是这样简单。其形成需要自己去实践、验证，有时还会经过多次的实践、验证。如对人生的理解，是认可享乐还是认可奋斗，哪一种能使自己感觉到幸福，要经历反反复复的多次认知，才能形成固化的信念。

信念的形成不是一蹴而就，也不是整个系统会在哪个时段完成，它在不断地充实、增加，只要人生没有结束，信念的形成就不会完结。

2. 信念是行为的最强阻止者

人大多数的思维、行为受信念的影响。如我们产生了一个想去攀登珠穆朗玛峰的想法，此时，一个一个的信念便跳了出来：那个地方特别寒冷，峰顶的最低气温常年在零下三四十摄氏度，你无法承受；那个地方氧气稀薄，空气的含氧量只有东部平原地区的四分之一，你会因缺氧而死；那个地方经常刮七八级大风，十二级大风也不少见，最大风速可达 90 米/秒，你无法承受；那个地方……对于信念意志弱的人，每一个信念都是一个去不成的理由。但对于一个信念坚定的人，他会认为特别寒冷的天气、稀薄的氧气含量、七八级的大风……这样的享受条件哪里能找到呀？这么好的地方，为什么不去感受一下呢？

人从能接收信息那一时刻起，就开始在大脑中种植信念了，累积到成年，已经形成了一个庞大的信念体系。是这些信念帮助我们成长、处理问题、防范伤害……毫不夸张地说，每个人都是在信念的庇护下长大的。但是，它消极的一面则成了我们前进路上的篱笆墙。亲子教育专家董进宇博士说："每个人都给自己构筑一个信念的监狱，并由自己担任监狱长，对自己实施严密的监管，以防跳出信念的高墙。"

生物学家进行了一个试验：他们将跳蚤放在地上，测量跳蚤弹跳的高度超过了一米，跳蚤是动物界的跳高冠军，因为它跳的高度可以达到自己身体高度的400倍以上，捉到它不是一件容易的事。然后，他们将跳蚤放进了一个高度仅有20厘米的玻璃瓶中，并在瓶口盖上了一块玻璃板。在瓶子里，跳蚤每次弹跳几乎都会撞到玻璃上，于是它们自动降低了弹跳的高度，过了一段时间后，生物学家们将跳蚤从瓶子中倒到桌子上，他们发现跳蚤弹跳的高度发生了变化，没有一次的弹跳超过20厘米，这就是著名的跳蚤效应。经过装瓶试验的跳蚤，为自己设定了弹跳的限度。

哲学家培根说："人们的行动多半取决于习惯。一切天性和诺言，都不如习惯有力，在这一点上，也许只有宗教的狂热可与之相比。除此之外，几乎所有的人力都难以战胜它。"

许多人之所以缺乏创新的动力，缺乏战胜困难的勇气，没有成功，就是被自己内心的高度、围墙等信念的枷锁限制住了。别人说你行，你自己也觉得行，就会产生行的信念，进而产生行动的勇气；自己感觉到不行，别人也说不行，就产生了不行的信念。自认不行，根本就不去试一试自己到底行不行。

第三节　如何打破员工信念的枷锁

回到我们前面讨论过的跳蚤试验，经过瓶装过的跳蚤还能跳起原来的高度吗？生物学家们又提出了问题，于是他们将跳蚤放到一块铁板上，又拿来一盏化学实验用的酒精灯在铁板下燃烧加热，结果跳蚤在热得受不了时，奋勇一跳，很轻松地跳出了原来的高度，恢复了它跳高冠军的能力。

天生就有不信邪的人，他们有坚守一个信条“一切皆有可能”“不是我不能，而是现在还没有找到方法”。这是企业求之若渴的人，是难得的人才，在企业中，这类人极少极少，而大多数还是那些被信念的篱笆墙围困着的人。领导者应深刻理解信念对人束缚的内涵，学习并掌握解决信念束缚的策略、方法，启发部属树立克服困难、战胜风险的勇气和动力。

1. 制造希望的信念

有一年，一支英国探险队进入了撒哈拉大沙漠。在茫茫的沙海里负重跋涉，阳光下漫天飞舞的风沙像炒红的铁砂一般扑打着探险队员的面孔。没经过多长时间，大家的水都喝完了，人们口渴似炙、心急如焚，陷入了极度绝望中。此时，探险队长拿出一只水壶，说：“这里还有一壶水，但穿越沙漠前，谁也不能喝。”一壶水，成了穿越沙漠的信念源泉，成了求生的寄托，队员们濒临绝望的脸上又显露出坚定的神色。

终于，探险队顽强地走出了沙漠，挣脱了死神之手。大家喜极而泣，用颤抖的手拧开了那壶支撑他们精神和信念的水，然而里面缓缓流出来的却是细细的沙子。

无独有偶。东汉末年，曹操带兵去攻打张绣，一路行军，走得非常辛苦。时值盛夏，太阳火辣辣地挂在空中，散发着巨大的热量，大地都快被烤焦了。曹操的军队已经走了很多天了，十分疲乏。一路上又都是荒山秃岭，没有人烟，方圆数十里都没有水源。将士们想尽了办法，始终都弄不到一滴水喝。头顶烈日，战士们一个个被晒得头昏眼花、大汗淋淋，可是又找不到水喝，大家都口干舌燥，感觉喉咙里好像着了火，许多人的嘴唇都干裂得不成样子，鲜血直淌。每走几里路，就有人倒下中暑死去，就是身体强壮的士兵，也渐渐地支持不住了。

曹操目睹这样的情景，心里非常焦急。他策马奔上旁边一个山冈，在山冈上极目远眺，想找一个有水的地方。可是他失望地发现，龟裂的土地一望无际，干旱的地区大得很。再回头看看士兵，一个个东倒西歪，早就渴得受不了，看上去怕是走不了多远了。

曹操是个聪明人，他在心里盘算道：这下可糟糕了，找不到水，这么耗下去，不但会贻误战机，还会有不少的人马要损失在这里。想什么办法来鼓舞士气，激励大家走出干旱地带呢？曹操想了又想，突然灵机一动，脑子里蹦出一个好点子。他站在山冈上，抽出令旗指向前方，大声喊道：“前面不远的地方有一大片梅林，结满了又大又酸又甜的梅子，大家再坚持一下，走到那里吃到梅子就能解渴了!”战士们听了曹操的话，想起梅子的酸味，就好像真的吃到了梅子一样，口里顿时生出了不少口水，精神也振作起来，鼓足力气加紧向前赶去。就这样，曹操终于率领军队走到了有水的地方。

人是行动还是懒惰的斗争时刻都在脑海中进行着，只要遇到困难或风险，这两个争斗的主角就变成了负面的信念与求成的希望的争斗。当我们遇到此类情况时，如探险队长利用有水的信念坚定队员们的信心，曹操利用人们对梅子的条件反射成功克服干渴困难一样，领导者应及时展示希望，为人们战胜负面信念提供动力。

2. 给完美泼冷水

人行动最大的内在阻挡者是完美。天下没有完美之事，更没有完美之人，追求完美只是一种梦想或理想化的意识。追求完美有积极作用，但当人的这种意识过强时，会影响人行动的积极性。

任何工作都没有一件会做到完美，领导者对于执行的要求是速度第一，完美第二。抗战题材的电视连续剧《亮剑》应是近年来拍摄最成功的作品之一，人们很喜欢男主角李云龙。然而，李云龙却是一个“毛病”非常多的人，说话粗俗，甚至满口脏话；不守规矩，我行我素；霸道自大，难搭班子等。但是，他对作战有独到的见解，能够捕捉到瞬息万变的战机，有效地消灭敌人，指挥部队取得胜利。战争中衡量人最重要的标准就是胜与败，企业虽然不能与战争相比，但道理相通，完不成任务，就无法得到利润，事情做得再漂亮也没有意义。只有在条件许可的情况下才有可能，我是说有可能，而不是必须，去追求将事情做得更好。

完美信念的背后隐藏着诸多的消极内涵，它会强调事无巨细地进行计划，做好充分保障的准备、技术能力的支持、排除环境的干扰……总之，等所有条件具备时，机会已经消失得无影无踪，或者成本已经膨胀到无法支持。

科莱特曾是英国利物浦市的一个有志青年，他在1973年考入了美国哈佛大学。和他在一个课堂里还有一位18岁的美国小伙子，大学二年级那年，这位小伙子和科莱特商议能不能一起退学，开办公司，开发财务软件。对此提议，科莱特感到非常惊诧，因为他明白来这儿是求学的，如此辍学简直是在闹着玩。再说对开发Bit财务软件的知识，他认为自己掌握得太少，不学完大学的全部课程不可能进行开发。他委婉地拒绝了那位小伙子的邀请。10年后，科莱特成为哈佛大学计算机系Bit方面的博士研究生，那位退学的小伙子则登上美国《福布斯》杂志亿万富翁排行榜。此后科莱特认为自己的知识还是缺乏，选择了继续攻读博士后，他拿到学位时，那位美国小伙子的个人资产则仅次于华尔街大亨巴菲特，达到65亿美元，成为美国第二富翁。当科莱特认为自己已具备了足够的学识，可以研究和开发财务软件时，那位小伙子已绕过Bit系统，开发出比Bit快1500倍的Eip财务软件，且只用了两周的时间，即占领了全球市场。这个美国小伙子在这一年也成了世界首富，他就是比尔·盖茨。

完美的信念让许多人认为，只有具备了相关的知识、条件才能做好工作，完成好任务。然而，现实中的很多成功者都是在做中学，边做边准备，而不是万事俱备时才开始行动。孙正义说："我不会等所有的条件都成熟时才采取行动，只要方向正确，我感觉可以做就会下决心。"

3. 澄清对能力的误解

有人很乐于拿智商说事，也相信智商对人成就的决定性作用，于是当有困难挡住了前进之路时，便立即回头向内观看自己的智商，认为凡事成否都与自己的智商高低有关。工作中更是如此，甚至在分配任务时，智商也会第一个跳进领导者的头脑里，告诉领导者任务对象的智商能否担当此任。其实，智商只是影响能力的一个要素，但并不完全等于能力。

研究表明，影响人能力的有三个主要因素：实践的积累、对事的专注力、智力。

实践的积累易于理解，它是指人有无做某事情的实际操作经验。同类工作做得越多，熟练程度则越高，效率越高。人们常说的熟能生巧，即是对实践积累的形象概括。现实中90%以上的工作属于重复性工作，只要是重复性工作，任何一个智力正常的人，经过一段时间的操作练习后都能应对自如。

对事的专注力，是指人对某事物的心理倾向程度，即持续注意或做的时间与兴趣保持。专注力可以理解为意志力，人对事物的理解，决定了做事的效果，理解越透彻、越深入，行动时对事物的把握越精准。持续的专注力还有一项更大的作用，就是能激发出人的潜能，许多人的成功离不开专注。

智力是指人认识、理解客观事物并运用知识、经验等解决问题的能力，包括记忆、观察、想象、思考、判断等。通常认为智力由两个部分构成，遗传与后天习得。美国心理学家雷蒙德·卡特尔把智力的构成区分为流体智力和晶体智力两大类。流体智力依赖于先天的禀赋，是随神经系统的成熟而提高的，如知觉速度、机械记忆、识别图形关系等，不受或较少受教育与文化的影响，属于人类的基本能力，受先天遗传因素影响较大。流体智力的发展与年龄有密切的关系：一般人在 20 岁以后，流体智力的发展达到顶峰，30 岁以后随着年龄的增长而降低。晶体智力是指对从社会文化中习得的解决问题的方法进行应用的能力，是在实践（学习、生活和劳动）中形成的能力。这种智力在人的整个一生中都在增长，因为它包括了习得的知识和技能，例如词汇、一般信息和审美问题等。从雷蒙德·卡特尔的研究中，我们不难发现，先天性的要素并不是智力的第一因素，它仅仅是一种思维的模式或者架构，或者记忆与理解的路径，属于智力的基础要素。呈现人能力的智力的大部分应是后天习得，并一生持续增长的晶体智力。

人对自己的认识，即是找到自己的优势，发挥自己的优势，挖掘潜能。我们不能因为某一件事没有做好，就给自己树立起一个“智商低”的信念。

爱迪生于 1847 年 2 月 11 日诞生于美国中西部的俄亥俄州的米兰小市镇。父亲是荷兰人的后裔，母亲曾当过小学教师，是苏格兰人的后裔。爱迪生8岁上学时，仅仅读了三个月，就被老师定性为“低能儿”并撵出校门。从此以后，他的母亲成了他的“家庭教师”，决定自己教儿子读书识字，并教育他要诚实、爱祖国、爱人类。教育中，他的母亲发现他对读书产生了浓厚的兴趣，到9岁时，他能迅速读懂难度较大的书，如帕克的《自然与实验哲学》。大量的学习为其今后的发明奠定了坚实的基础。

我们不能否定智商对能力的影响，但也绝不能被其绑架，用这一信念锁住自己的能力。领导者不能做给部属重重一击的“玻璃瓶壁”、不能制造喘不气来的各种困难。领导者是员工动力条件的制造者，如同跳蚤试验中的酒精灯、探险队的水壶。

不要劝人改变，设计条件促成其改变，才是高明领导者的选择。人不是不想追求更高、更好，而是不敢去追求，因为心里就默认了一个“高度”。这个“高度”常常使他们受限，对更高的目标自认望尘莫及。有人问正在砌墙的三个泥瓦匠：“你们在干什么？”甲说：“砌墙。”乙说：“挣钱。”丙说：“造世界上最有特色的建筑。”后来，前两位的一生碌碌无为，第三位成为知名的建筑师。因为他清楚自己砌每块砖这小目标同未来一座宏伟建筑之间的关系，坚信自己能够到达这个目标。

心有多大，舞台就有多大。有些人自己早就怀揣一颗很大的心，这些人奋斗、努力无需太大的外力；有些人由于自我设限，在信念的篱笆墙内打转，不能突破。这时就需要外力刺激，而最恰当的施力者就是其直接的领导者。

信念最害怕情感的“教唆”，情绪可以促成人打破自己的信念枷锁。当一个小伙子爱上一个姑娘后，而姑娘却没有意思时，他不会就此止步，他认为“只要功夫深，铁杵磨成针”。当遇到诸多困难而未能成功时，他还会认为好事多磨。当一个人抱有坚定的信念时，就会全身心投入到信念所要求的事业中，精神上高度集中，对追求的事业全神贯注，态度上充满高度的热情，行为上坚定不移、始终不渝。当一个人执着于自己的人生信念和理想时，就会超脱个人名利，成为心胸宽阔、精神自由的人。

第五章

培育激发员工行动力的梦想

人为什么会积极主动？根本原因是有梦想、理想。为什么不会偏离努力的方向？是因为有梦想作为指路的灯塔。

有个人个子矮小、其貌不扬、出身卑微；26 岁获得博士学位；一生致力于美国黑人争取平等权利的斗争；一生三次被捕判刑；能一次聚集并面对 25 万人发表演讲；35 岁获诺贝尔和平奖，成为当时诺奖最年轻的得奖者；美国政府确定从 1986 年起每年一月的第三个星期一将他的生日（1929 年 1 月 15 日）设为全国纪念日；许多国家，包括中国将其演讲选入学校教材；从 1987 年起他的诞辰亦为联合国的纪念日之一；1968 年 4 月 4 日黄昏遇刺身亡，终年 39 岁。他就是美国黑人民权运动领袖，浸礼会教堂牧师，非暴力主义者马丁·路德·金。

人们不禁会问，是何种动力，使其在如此艰难的情况下不懈努力、执着追求，做出了令人注目的历史性巨大贡献呢？如同他在演讲“我有一个梦想”里所说的：“我们认为真理是不言而喻，人人生而平等。”正是这一梦想，提供了其为了追求美国黑人与白人平等的事业，而拼搏奋斗的不竭动力源。

我们不妨花一点时间，去重新感受“我有一个梦想”的澎湃力量。

……

我梦想有一天，这个国家会站立起来，真正实现其信条的真谛：“我们认为真理是不言而喻，人人生而平等。”

我梦想有一天，在佐治亚的红山上，昔日奴隶的儿子将能够和昔日奴隶主的儿子坐在一起，共叙兄弟情谊。

我梦想有一天，甚至连密西西比州这个正义匿迹，压迫成风，如同沙漠般的地方，也将变成自由和正义的绿洲。

我梦想有一天，我的四个孩子将在一个不是以他们的肤色，而是以他们的品格优劣来评价他们的国度里生活。

今天，我有一个梦想。我梦想有一天，亚拉巴马州能够有所转变，尽管该州州长现在仍然满口异议，反对联邦法令，但有朝一日，那里的黑人男孩和女孩将能与白人男孩和女孩情同骨肉，携手并进。

今天，我有一个梦想。我梦想有一天，幽谷上升，高山下降；坎坷曲折之路成坦途，圣光披露，满照人间。

这就是我们的希望。我怀着这种信念回到南方。有了这个信念，我们将能从绝望之岭劈出一块希望之石。有了这个信念，我们将能把这个国家刺耳的争吵声，改变成为一支洋溢手足之情的优美交响曲。

有了这个信念，我们将能一起工作、一起祈祷、一起斗争、一起坐牢、一起维护自由。因为我们知道，终有一天，我们是会自由的。

在自由到来的那一天，上帝的所有儿女们将以新的含义高唱这支歌："我的祖国，美丽的自由之乡，我为您歌唱。您是父辈逝去的地方，您是最初移民的骄傲，让自由之声响彻每个山冈。"

……

每个人都生活在梦中。儿时梦想得到更多好玩的玩具；上学梦想能有一个好成绩，考上理想的大学；青春期梦想得到心仪的伴侣；走向社会后又梦想着有骄人的成就……随着一个个梦想的实现、破灭，我们会及时再生出更美好的梦想，年复一年，日复一日，梦想斗转星移，心儿与梦舞动，这就是人生。

梦想是人生最重要的动力源泉，哲学家苏格拉底说："世上最快乐的事，莫过于为理想而奋斗。"人之所以能积极主动地工作，根本因素是有一个目标，它是前进的方向，是向往的境界。没有目标的人如同无头的苍蝇，对于一切都是得过且过、敷衍了事。有梦的人会有不竭的动力，卓越的领导者正是通过培育部属的梦想，为其注入工作的持续动能。

第一节 帮员工筑梦：不应被淡化的领导职能

在领导者的岗位职责中鲜有帮助员工制定梦想、奋斗目标、进行生涯规划等内容，为什么会这样？原因是组织没有将领导活动从系统的角度去认知，仅仅把领导者视为完成组织当前目标的单一职能工具。领导活动不单单是就任务而实施的短期行为，还有就企业长期发展（愿景或战略）而实施的基础行为，这其中就有帮助员工铸就与企业相伴成长梦想职能。

松下幸之助说："拥有梦想，就拥有无穷动力。"每个人都生活在梦中，梦想就像一根魔棒时时拨动着颗颗躁动的心，它激励着人们不畏艰险和困难，一直向前，向前。

英国一个名叫布罗迪的退休教师，在布满尘埃的阁楼上整理旧物时，发现了一沓发黄的旧练习册。它们是皮特金幼儿园某班31个孩子的作文习作。他根本没有想到，这些作文竟然躲过了战火的浩劫，在阁楼上躺了50年。作文的题目是《未来的我是——》。自然，31个孩子有31个梦想，对未来的想象无不写得美丽如画：有当总统的，有当大臣的，有当驯狗师的，有当领航员的，有当王妃的……每一篇作文都昭示着一个如花的美梦。

布罗迪突发奇想：把这些本子发回这些学生的手中，让他们看看自己是否实现了50年前的梦想。他在报纸上刊登了一则启事，不久，一封封带着问候、带着对自己童年梦想好奇的回信送到了布罗迪的手中，他们中有功成名就的学者、企业家、官员，也有平平凡凡的普通人。

一年过去了，布罗迪手中只剩下盲童戴维·布伦基特的作文本。他写在作文本上的梦想是当一名内阁大臣，他认为，在英国历史上还没有盲人进入内阁的先例，他要创造历史。正当布罗迪猜测着各种可能，满怀遗憾地准备把作文本送进一家私人博物馆时，他意外地收到英国教育大臣的来信。信中的内容让他大吃一惊，而且感动万分。信中说：那个叫戴维的就是我，感谢您还为我保存着儿时的梦想。因为从那时起，我的梦想就一直在我的脑海里，没有一天放弃过。50年过去了，可以说我已实现了当初的梦想。今天，我还想通过这封信告诉我其他的30位同学，只要不让年轻时美丽的梦想随岁月飘逝，成功总有一天会出现在你的面前。

戴维·布伦基特因为让自己儿时的梦想萦绕在脑海里，

所以成就了当内阁大臣的梦想。纵观我周边成功的朋友们，归根结底是他们一直秉承着一个信念："我们可以平凡，但不可以没有梦想。"

人成就自己的梦想，离不开个人勤奋努力的内在因素，当然也离不开组织这一外在平台因素，其中的关键性要素是领导者。领导者是部属制定目标的参谋，是其努力向目标前行的催化剂。当员工的目标与组织目标实现有机结合时，其工作的主动性会成倍增强，组织的整体效率也会随之大幅度提升。企业的梦想是其成员梦想的集合，成员的梦想是企业梦想的组成部分。当领导者将所有成员的个人梦想与组织梦想成功进行了有机整合时，组织将成为一艘动力澎湃的航船，能克服、冲破任何艰难险阻抵达成功的彼岸。因此，领导者应当将帮助、引导部属建立起与组织目标相适应个体努力目标，并作为一项重要的工作职能。

1. 引导对梦想路径的正确认知

许多人不是没有梦想，而是对梦想实现的路径认知过于狭窄。领导者应善于帮助员工分析、确立、寻找适合的目标及实现途径。我曾经对个人成功的路径进行过概略的分析，结果发现，通过组织平台的成功者远远多于自我创业的成功者。

"最受尊敬的CEO""全球第一CEO""美国当代最成功、最伟大的企业家"杰克·韦尔奇（Jack Welch），1935年11月19日生于马萨诸塞州萨兰姆市，1957年获得马萨诸塞州大学化学工程学士学位，1960年获得伊利诺斯大学化学工程博士学位。1960 年加入通用电气（GE）塑胶事业部。1971 年 12 月，被认命为 GE 化学与冶金事业部总经理；1979 年 8 月成为通用公司副董事长；1981 年 4 月，年仅 45 岁的韦尔奇成为通用电气公司历史上最年轻的董事长和首席执行官。2001 年 9 月 7 日，正式退休。至此，他在 GE 工作了 41 年，创造的业绩尽人皆知。

如果说杰克·韦尔奇是国际职业经理人的杰出代表，那么在中国，依托组织平台创业成功的人物唐骏更值得一提，他应算中国成功的职业经理人之一。从微软中国总裁到盛大网络总裁，再到新华都集团总裁兼 CEO，唐骏创造了从年薪 1000 万元、获授超过 4 亿元期权、10 亿元原始股的“财富三级跳”，是名副其实的“打工皇帝”。

相对而言，人借助于一个既有的平台，将自我梦想与组织目标进行有机结合，在效力于组织、成就于组织目标的同时，成就自我梦想，较之完全凭自己之力独自打拼，要容易得多。当然，人各有志，“条条大路通罗马”，每个人都有选择自己成功路径的权利。对此，领导者只能引导，分析员工适合什么样的路径；帮助员工找到自己的优势，发现其潜能，并创造条件使其得以发挥，展现人生的价值。这是培育员工树立与企业需求相一致梦想的前提和基础。

2. 双赢的游戏

在企业中，偶尔会听到：“如果不是我，咱们公司能有这样好的业绩?”甚至一些领导者也有过类似的念头，“因为我……”这向我们提出了一个问题：是组织成就了个人，还是个人成就了组织？对此，领导者有责任澄清，使组织中的每个成员有一个明确而清醒的认识，否则，将会严重影响工作的动力。

几年前，央视播出了电视剧《乔家大院》，剧中有两个重要人物：孙茂才和乔致庸，围绕他们二人发生的一段故事，给我很深的启示。孙茂才是一个在考场上卖花生的穷秀才，乔家东家乔致庸伯乐识马，感觉他是人才，把他带回家共同努力，促进了乔家事业的发展。客观说，乔家大院的兴旺，孙茂才有着不可磨灭的功劳。但当乔致庸明确了“汇通天下”的雄伟大略时，孙茂才却错误地高估了自己，自恃劳苦功高，应得到更高的回报，竟萌生了借谋娶乔致庸多年寡居嫂子的狂想，霸占乔家产业。乔致庸狂怒之下，将孙茂才一通暴打，赶出了乔家。孙茂才牵着一头毛驴孤零零来到达盛昌，与达盛昌老板崔铭十有一段耐人寻味的对话。

崔铭十：“孙先生今天怎么这么有空来小店一坐，是不是你顶了乔致庸的生意？到达盛昌，来找我合作什么？”

孙茂才：“我今天来是想在你达盛昌谋点事情做。”

崔铭十：“呵呵，你取笑我？”

孙茂才：“崔大掌柜，我记得你以前说过，说我值三万两银子？”

崔铭十：“说了。”

孙茂才：“我要是到你们达盛昌做个大掌柜，跟乔家一样，三千两就行。”

……

崔铭十：“孙先生，我店里还有事，就不送你了。把他给我请出去。”

……

孙茂才：“乔家的生意是我做的，我能帮乔家成就大业，也能帮你赚到大钱。”

崔铭十：“孙茂才，你搞错了吧？是乔家的生意成就了你，不是你成就了乔家的生意！”

……

“是乔家的生意成就了你，不是你成就了乔家的生意！”说得好！更精彩的是，此话出自崔铭十这个无德商人之口，一个卑劣之人都明白这样的道理。

无数的事实证明，职业经理人如果能与所投入的组织休戚与共，那么自己也会在组织的发展过程中实现自己的事业目标，他们的价值会随着企业的发展而不断增值。否则，错误地定位于自己或高估自己，必将影响自我智慧的发挥，也必然会被组织淘汰。孙茂才离开乔致庸，相当于鱼儿离开了水，没有了自己的发展空间。乔致庸重用孙茂才不仅有知遇之恩，也有为人才搭台之功，更有推动事业发展之谋。所以，对于企业与人才而言，不是谁成就了谁，而是共谋发展、各得其所的关系。

企业只有与人才相互依存才能发展壮大，人才只有借力于组织才能成就自己的梦想。而实现企业与人才的相互依存、共享成果必须满足两个条件：个人的意愿与努力，领导的常识与引导。即使你有再高的智慧，即使你再勤奋与努力，它只是你事业有成的一半，而另外的一半，能起到关键作用的一半，即是遇到一位赏识你、引导你、助力于你的领导。

3. 达成战略与梦想的心理共振

19 世纪初期的一天，一队士兵在军官嘹亮而有节奏的口令指挥下，迈着威武雄壮、整齐划一的步伐，正阔步走上法国昂热市的一座大桥，旁观的人们不时投来赞赏的目光。然而，当队伍将要行进到桥中间时，不幸的事情发生了，桥梁突然发生强烈的颤动，而后出现断裂，最后轰然坍塌，许多官兵和市民落入水中，造成了重大伤亡。后经调查，造成这次惨剧的罪魁祸首，是共振。因为大队士兵齐步走时，产生的一种频率正好与大桥的固有频率一致，使桥的振动加强，当它的振幅达到最大限度直至超过桥梁的抗压力时，桥梁无法承受，最终断裂了。共振是一种物理现象，是指某一系统所受外部施力的频率与该系统的固有频率相同或接近时，系统振幅显著增大的现象。

正如任何事物都有正反两个方面一样，共振在具有破坏性的同时，也具有积极作用。在管理中，常有这样的现象，当领导说出某种设想时，有的员工会一呼而起，积极响应，而有的员工则非常淡漠，似乎没有什么感觉。从共振的角度理解，它是领导者的设想在员工心中的共振反应，一个人的想法传递与另一个人，衡量其响应态度的标准，是他的想法是否与传递到的想法产生共鸣，能产生思维上的共振，我们称为心理共振。心理共振强度是领导者决策实施效能的决定性因素。它不同于管理职能，因为管理职能更倾向于机械性的、重复性的规范类行为，如生产线上的操作人员的操作，其行为结果受人的心理因素影响相对较弱，而带有主观能动性的执行行为必须具备一定的心理共振强度，才能使决策收到良好的效果。

第二节　培育员工梦想的三步曲

根据人人具有欲望需求的本性特征，领导者应善于寻找、发现、挖掘部属的欲望点，将其与组织的目标、战略、愿景进行比对，遴选出其中最接近于组织需求的那部分，加以引导，促使员工建立起基于自我欲望，并与组织意愿、战略趋同的个人发展目标，形成自我梦想与组织目标的心理共振。

1. 发现梦想

人人都有梦想，如果将其假想成花朵放入一个筐中，一定是百花齐放、姹紫嫣红、千姿百态。领导是组织的领导、团队的领导，这些美丽的“花儿”不一定全是你想要的。此时，领导者就需要有一种功夫，寻找组织所爱。

企业梦想是我们选择员工梦想的基本标准，但它不能拿来就用，应该进行解析、分解。企业梦想有两层内涵：以愿景为宗旨的理念性梦想，以战略为导向的目标性梦想。理想的员工应同时具备这两层内涵的梦想，一般员工仅有一层或某层中的一个部分的梦想。如公司的产品质量追求是“时尚耐用”，它是企业的产品质量梦想。假设我们要从设计团队中寻找与此关联的梦想人员，首先，分析设计过程中实现“时尚耐用”，应具备的思维。

（1）追求新奇，对变化敏感。

（2）空间感强，想象丰富。

（3）精益求精，科学严谨。

根据这些要求，如果让我们在设计团队中寻找到完全具备上述所有思维素质的人，是不是很难？回答应是肯定的。但如果要找具备其中某一项思维素质的人，就会容易很多。此时，问题简单了，我们可以做如下的分工：让“追求新奇，对变化敏感”思维的人设计外观；让“精益求精，科学严谨”思维的人设计功用；让“空间感强，想象丰富”思维的人进行外观与功用的组合设计。这样的分工可以充分发挥每个设计人员的优势或喜好，是较理想的设计组合。

这仅仅是组织梦想分解的一点，且是目标能力层次。如果是具有管理职能的领导者，则应寻找其理念层面的梦想，是否有与组织理念、梦想相契合的部分。领导职位越高，越应贴近组织的愿景、战略、价值观等宏观梦想。反之，则应向完成具体的专业性梦想靠拢。

期望的员工梦想应满足三个基本条件：是实现组织目标的组成部分；有能力达成任务要求；有兴趣或愿意做。领导者应注意识别，但很多时候只有部分人能达到这样的要求，就要用到下面的方法了。

2. 挖掘梦想

更多员工的梦想深藏不露，或者说没有明显的倾向，抑或根本就没有一点痕迹。此情景下的领导者，就要施展挖掘的功夫了。挖掘员工梦想，难于对已经显露的、现成的梦想与组织目标的匹配，它需要领导者细致的观察、对其行为的分析、体悟。

人无法隐藏自己的心理需求，除非是一块木头，一个动作、一种感觉、一幅表情……都能反映其心理的需求，梦想是更容易表现出来的一种心理需求。每项工作的执行过程，都能展现其心理特征。

中国晚清名臣曾国藩有一个习惯：持之以恒地对关键人员进行观察，并将其行为特征、性格倾向等记录入档案。清史专家、中国政法大学教授、法律史学研究院副院长林乾经过多年研究发现，在其部属名册上，有行为和性格特征记录的人三千多人，记录较详细的也有一千四百多人。曾国藩认为“世人聪明才力，不甚相悬，此暗则彼明，此长则彼短，在用人者审量其宜而已。山不能为大匠别生奇木，天亦不能为贤主更出异人。”在笔记《才用》篇中，曾国藩进一步指出：“虽有贤才，苟不适于用，不逮庸流……当其时，当其事，则凡才亦才亦奏神奇之效，否则龃龉而终无所成。故世不患无才，患用才者不能器使适宜也。”“凡于兵事、饷事、吏事、文事有一长者，无不优加奖借，量材录用。”曾国藩一介书生，其成功利益于其能“集众人之长，补一已之短”“合众人之私，成一已之功”。归结起来有两点，即充分利用部属的优势与意愿。领导者特别是直接领导者，对掌握部属的心理需求倾向，有着得天独厚的优势条件，应对每个部属细致观察分析存记于心，在需要时量才、量愿而用。

另外，还可以在适当时机采取激发潜能的方法，对有培养价值的部属进行刺激，以发现其潜在意愿，我们称为没有触发的梦想。

史蒂文因一次意外导致双腿无法行走，依靠轮椅生活了20年。有一天，他从酒馆出来，照常坐轮椅回家，却碰上了三个劫匪。他拼命呐喊、反抗，愤怒的劫匪突然放火点燃了他的轮椅，求生的欲望让史蒂文忘记了自己的双腿不能行走，立即从轮椅上站起来，撒腿便跑。事后，史蒂文说："如果当时我不逃，就必然被烧死，我忘了一切，当我终于停下脚步后，才发现自己竟然会走了。"生活中，类似的事情有很多，使史蒂文产生这种"超常力量"的是潜能，它是人的内在精神在关键时刻爆发出的巨大力量。著名作家柯林·威尔森说："在我们的潜意识中，在靠近日常生活意识的表层的地方，有一种'过剩能量储藏箱'，存放着准备使用的能量，就好像存放在银行里个人账户中的钱一样，在我们需要使用的时候，就可以派上用场。"

3. 培育梦想

有一类员工，有梦想，但似乎并不在组织的梦想集中，或者还与组织的梦想集中的某个子集有一定的差距。如果谋求实现其与组织愿望的共振，则需要进行培育，或者将其不太执着的梦想意愿向组织需求转换。

培育梦想应针对三个层次，采取相对应的方式。

第一个层次：组织的核心动机。它体现的是组织的经营理念、经营哲学、价值观等。创立于清康熙八年（公元1669年）的同仁堂，历代都恪守“炮制虽繁必不敢省人工，品味虽贵必不敢减物力”的经营理念，300多年来从没有动摇过。它要求组织成员树立“修合无人见，存心有天知”的自律意识，养成一种习惯，形成工作的固有动机模式，只要是同仁堂人就必须具备这一行为意愿。否则，只能离开或受到惩处。成员趋同于组织的核心动机，是对组织成员的基本要求，也是最高层级的要求，它是领导者必须做的工作。

第二个层次：任务需求动机。它是根据具体的任务要求，培育有利于完成任务的成员意愿。如执行研发项目的成员，他们需要有创新的意愿，有不达目的不罢休的意愿等，它要求有较持久的持续力，是人性格的重要组织部分，培育难度大，要求领导者从长计议，有规划、有目标、持之以恒。对经过努力培育，仍无法达成的人员，应调整工作。

第三个层次：单一行为动机。它仅停留在一般习惯行为层次上，算不上持续的需要动机或意愿。如某一工作环节的要求是细心，严格执行规定的操作程序等，它是最低的与组织梦想集相适应的个体梦想，适用于对类似于生产线上的操作人员、动作单一而重复性为主的成员，其要求实现的是具有速度激情与低差错率。

我们应依据人价值观、理念可塑性的特点，培育不同层次要求的与组织趋同个体梦想，最大限度在组织中实现人人、事事、时时具有工作梦想与之相伴。

第三节 规划员工的职业生涯

职业生涯规划，是职业人员为确定、实现职业目标所进行的一系列管理活动。它既可以由员工自己制定，也可以在企业的帮助下，结合企业发展需要共同制定，是一种高层次的激励手段。目的在于把员工的个人需要与企业的需要统一起来，提高企业的凝聚力、吸引力，实现组织与个人的双赢。

帮助员工规划自己的职业生涯，是领导者培育员工梦想的一项重要职能和方法。它既可以让我们了解员工真实的心理需求，帮助员工设立明确的奋斗目标，也可以将员工的意愿与组织的愿景、理念进行比较，从而确定我们培育梦想的切入点，更好地使其与组织愿望紧密关联，推进企业发展。

帮助员工规划职业生涯，对企业有着重要的意义。

其一，拉近企业或领导者与员工的心理距离，增进相互了解。

其二，有利于掌握企业人才的真实状况，进行好人力资源规划。

其三，帮助员工实施准确的自我定位。

其四，结合员工需求，提高培训的针对性和效果。

其五，有利于根据员工发展意愿安排工作，提升工作效率。

其六，利于育人留人，增强企业发展的可持续性。

职业生涯规划的一般内容：

（1）进行性格特质分析，明白哪些是属于难以改变的遗传特质，哪些是后天形成的智慧技能，概略定位职业发展方向。

（2）确认兴趣点与优势的匹配度。这一点很重要，兴趣爱好不等于优势，优势也不等于兴趣爱好，因为有些优势仅仅是技能熟练的表现，而不是自己真正感兴趣的事。

（3）擅长于职业交合点分析。擅长即是有执着兴趣，并有优于他人表现的能力。有些人的擅长能在企业中找到很恰当的发挥岗位，但也有一些没有，或者是岗位不太适合；有些表面不会，但内在契合。这需要领导者帮助员工进行分析，因为有时员工会处于“当事者迷，旁观者清”的状态。领导者根据员工的擅长与组织需求进行调整，或做好调整的准备。

（4）盘点资源。它是规划职业生涯必需的一项内容，包括时间资源，知识储备，年龄，技能层次，家庭背景，企业能提供的资源、指导、资金、环境条件等，哪些可用，可能量是多少等。通过分析发现短板，需要时，有针对性地进行培训补充。

（5）意志力分析。它包括对事的专注性、抗挫性（我们常说的逆境商数）、可持续力等心理要素。

上述只是职业生涯规划的重点内容，领导者需要时，还可以从更多的角度帮助员工进行分析、整理。帮助员工进行职业生涯规划，常常是领导者容易忽略的职能，领导者应认识到其重要性，它是促进员工成长、启发持续动力的有效方法。

此阶段，领导者就办好三个角色：一是资源支持者角色。要尽己所能，调动组织或个人资源对员工进行支持、帮助，切不可袖手旁观。二是教练员角色。及时发现员工出现的问题，包括业务技能方面，也包括情绪态度方面。要主动与其沟通，倾听其诉求，有针对性地进行指导。三是评估者角色。观察员工实施职业生涯规划的情况，进行阶段性的评价，并与员工交换意见，督导其稳步向前。同时，还要及时沟通组织情况，帮助其做好规划的调整。

军事家孙子在《孙子·谋攻》中指出：上下同欲者胜。当员工的梦想与组织的目标实现统一时，组织发展的动能将成倍放大。我们曾对3000名企业员工进行过一项职业发展规划调查，结果发现，70%以上的人没有职场上的奋斗目标，归责于谁？员工自己，但更主要的还是其领导。马云说：“我们不能统一人的思想，但可以统一人的目标。千万不要相信你能统一人的思想，那是不可能的。30%的人永远不可能相信你，不要让你的同事为你干活，而让他们为我们的共同目标干活。团结在一个共同的目标下，要比团结在一个人周围容易得多。”

第六章

领导者应该明示并放大期待

“员工只做你检查的事情，而不是你期望的事情。”这是很多领导者奉为珍宝的名言，于是便千方百计寻找、设置任务中可以控制、约束部属行为的检查点，想要什么就跟踪检查什么、重视什么就重点检查什么。我不能完全苟同这一观点，因为如此一来，领导者与部属完全成了两个对立的个体，我们期望的同甘苦、共命运、员工与企业双赢成长成了空谈，更不要说形成上下同欲的团队了。

管理职能主要强调执行，注重“索要”结果，但作为领导职能，重视的是影响，是通过部属用发自内心的行动而取得的成果。有活力、基业长青的企业绝对不会期望以检查的硬性手段（它应是对不得已之人的不得已的行为）作为员工工作的动力之源，员工的主动性不是检查出来的，它依赖于领导者启发积极主动的智慧和艺术，其方法之一——明示并放大期待。

第一节 领导者应清楚自己真正的期待

1. 你的期待是什么

员工完成任务的方法千千万，态度万万千。如果不单用结果作为导向，那我们期待的是什么？简要理解，期待是一组由诸多思维、行为要素组成的系统指向，最终目标是企业的愿景或战略。如某企业是一个高科技公司，以生产计算机的外围设备为主。假设其中某位员工的任务是设计一款存储器（U盘）的外壳，企业的愿景是“让外面的世界更便捷、美丽与你相随”。那么，对此员工的工作要求则是由轻巧、别致、美观、高效、耐用等理念组成的思维要素，以及实现这些要素所需要的潜心学习、细致观察、勇于探索、博采众长等心理要素，还有不怕苦累、耐受挫折、积极钻研的行为要素。期待即是其中的某个点。

构成值得肯定的期待应同时满足以下三个条件：

第一个条件：一定符合企业的愿景、经营哲学、价值理念。

第二个条件：一定符合领导者的信念、价值观、希望。

第三个条件：一定符合当前的任务、目标或其职能的基本要求。

只有当员工的态度或者行为，能够同时符合这三个条件时，我们才能认定其是值得肯定的期待。

所以，领导者的真正期待不是只有简单的结果，而是指向企业愿景或战略的一组思维行为要素。只有如此，才能使员工的思维、行为、理念与企业的需要保持高度的一致。领导必须以此为原则，最大限度、积极地寻找明示并放大你想要的东西。

2. 描绘你期待的样子

当你期待部属按照你的想法去做时，你应该首先描绘想法的样子，只有如此，他们才会照猫画虎。否则，他们会像无头的苍蝇乱撞一气。

描绘期待的样子依赖于三个要素。

第一要素是企业愿景、经营理念、经营哲学、价值观等企业核心文化。它是组织中每个人应该遵循的行为准则，是领导观察衡量员工态度、行为的基本依据。如果企业中还没有形成成型的企业核心文化，那么领导者应该观察分析企业的老板，或者企业的主要行为习惯，也可以作为期待标准的参考。领导者应该对企业核心文化有清晰理解，否则，你不但不是一个合格的领导者，也不会描绘出什么期待的样子。假设某超市的经营理念是“顾客至上”，那么领导者应该清楚“顾客至上”的真正内涵是什么、包括哪些内容。在企业解读标准的基础上，进行更细致的分析、理解，然后向部属进行描绘。对理念描绘得越具体，员工执行得越到位。要常常讲，讲透彻。在此基础上，再通过放大期待，对员工符合期待的行为进行肯定、固化。

一名理货员正在满头大汗地将货架高处的商品倒到低处。你看到了这一情景，应该判断出其哪一点是符合你所描绘的期待，然后如何说？是不是可以说：“你想得太周到了，这样顾客取货就更方便了。非常好！”再如在开店时间，你看到这名理货员正在将堆在地上的一堆货品向货架上码放。你可能会做出这样的判断，理货是方便顾客的行为，符合“顾客至上”的理念，但将货堆在地上又不太符合。对此，可不可以这样说：“你能及时补货太好了，如果能将地上的货放在车里，你补货可以更省力，顾客也会感觉你工作有条理。”

第二个要素是工作任务。领导者应善于分析什么样的工作期待有利于任务的完成。有的领导者容易忽视这一问题，只注重抓具体工作，不注意团队成员的工作行为样式。我们不是要培养什么统一的工作样式，而是提倡一种有利于自动自发习性的行为方式。如我们所领导的团队是一个企业的客服团队，它的工作性质之一应是反应迅速。那么，我们的领导者则要围绕‘反应迅速’来描绘我们的期待。

如接到指令应立即行动；客服工具用后应有序放置，以便快捷取放；应有耐受委屈的工作态度等。最好的办法是将这些期待制定成工作规范。

第三个要素是领导风格。有什么样的领导就会有什么样的团队。团队成员往往喜欢依照领导的工作特点，修正自己的做事风格，进而向领导者习惯的方式靠，领导者应该以行动表明自己喜欢什么、反感什么。

员工的积极主动需要有参照标准。任务不是标准，它只是所有行为标准实现后所形成的期望结果。对于重复性的工作，流程即是期望标准的载体。将员工应该做什么、何时做、何标准，以流程的方式固化下来，也是实现工作主动性的一种形式。

另外，期待要有榜样。如果某个人身上集中了很多你期待的样子，你就可以将其树为榜样，这样他就成了你活生生的期待标准；如果某种工作的方法能省却很多指挥员工的指令，你可以将其描绘成期待，形成工作模式推而广之。

期待的榜样不一定是人，也不一定是流程，它还可以是行为模式、思维方法、工作态度。在海尔的家电发展史与文化展厅中，陈列着以员工名字命名的晓玲扳手、启明焊枪等员工自主创新的成果，海尔的领导者们期待员工具有创新精神，并不断实施创新，这些即是期待固化的真实写照，对激发和保持员工积极性起到了至关重要的作用。

第二节　领导者要发自肺腑地肯定期待

我们不妨将“员工只做你检查的事情，而不是你期望的事情”这句名言改动一下，变成“员工更愿意做领导肯定的事情，而不是你检查的事情”。而后，走向我们的团队，走近我们的部属、观察他们的工作、倾听他们的设想，甚至是他们愿意告诉你其内心的想法或者是隐私。再进行分析和思考，挖掘出你想要的东西，可以是想法、可以是态度，更可以是行为的某个片断。对此，毫不吝啬地、真诚地给予肯定或者赞美。

不要怕事情小，即使是只能感觉得到的点滴，也不要怕你肯定或赞美的词语简单，不要放过任何的机会，给予其充分的肯定。久而久之，你会发现，你赞美过的部属，思维和行为都在向你期望的方向发展；而你讨厌的行为，在不断地消失。如果你能持续地坚持，你会发现你的部属变了，他们变得那么可爱，对你那么尊重，主动地做你安排的工作。

《欧美文学选》上曾经登载过一篇美国人海里斯·布里奇斯写的故事：

你很重要

这个故事发生在纽约。

一位中学老师按照顺序把每个学生都叫到讲台前，然后告诉大家这位同学对整个班级和对她本人的重要性，她还发给每个学生一条蓝色缎带，上面写着四个金色的字：

“我很重要。”

然后，那位老师又发给每个学生三条缎带和别针，让他们按照她在课堂上赞赏褒扬他们所使用的这种方式，把缎带赠送给他们认为值得感谢和尊敬的人，然后跟踪观察所产生的结果——一个星期后再回到班级向她报告。

班上有一个男孩子来到邻近的公司，找到一位曾经帮助他做过人生设计的年轻主管。这个男孩子将一条蓝色的缎带用别针别在了主管的衬衫上，并且把另外的两条缎带和别针也给了他，并且向他解释说：“把蓝色缎带送给你值得感谢和尊敬的人，再把多余的缎带和别针也给他，让他也能以此向值得他感谢和尊敬的人表达谢意。下次请您告诉我，我们这种表达方式的效果如何?”

几天之后，这位年轻的主管来到他的上司那里。他的上司是个容易发怒、不易相处的同事，却极富才华。他向上司表示仰慕他的创造性天赋，上司听了十分惊讶。接下来，他郑重地将缎带别在了上司的外套的左上方，并把剩下的一条缎带和别针送给了他，然后问道：“您能否帮我个忙，把这条缎带也送给您认为值得感谢的人。这是一个男孩子送给我的，我们想让这个表达感谢的方式延续下去，最后看看这样究竟会产生什么样的效果。”

那天晚上，上司回到家中，坐在他14岁的儿子身旁，轻轻地抚摩着他的头，温和地说：“儿子，今天我遇到了一件不可思议的事。在办公室里，有一个年轻的同事告诉我，他十分仰慕我的创造性天赋，还送给我一条蓝色缎带。想想看，他认为我的创造性天赋如此值得尊敬，甚至将印有‘我很重要’的缎带别在我的外套上，而且还多送我一条缎带和一枚别针，让我也能够送给值得自己感谢和尊敬的人。今天晚上，在下班回家的路上，我就开始琢磨要把缎带和别针送给谁呢？我一下子就想到了你，儿子，你就是我要感谢的人。因为这些天来，我回到家里都没有花很多精力和时间来照顾你、陪你，有时还会因为你的学习成绩不太好、房间又脏又乱而对你大吼大叫。真的很对不起你。可是，今晚不同了，今晚我只想坐在这儿，让你知道你对我有多重要，除了你妈妈之外，你就是我生命中最重要的人了。你是一个好孩子，我爱你。”

他的儿子感到非常震惊，注视着父亲的两只大眼睛里闪烁着泪光，他的嘴唇也开始颤抖。最后，他情难自禁，终于“呜呜呜”地哭起来，身体也颤抖不已。他泪眼婆娑地看着父亲，哽咽着说：“爸爸……我本想明天去……去自杀的，我……我以为你根本就……就不爱我。现在……现在……我想已经没有那个必要了。”

仅仅是一个老师让学生使用肯定的活动，竟然挽救了一个孩子的生命。

放大期待不是盲目放大，应遵行一定的原则才能起到应有的效果。

真诚。首先，对员工值得肯定的行为或态度，领导者对其赞美应是诚心实意，不能草草了了、虚情假意，应让其感觉到你是认真的、郑重其事的。其次，应是确有其事的行为或思想态度，不能是捕风捉影、毫无根据。所谓的放大是将行为向深层次挖掘、分析，找出更有深意的内涵，甚至是连行为者本人也没有感觉到的意义。如一名保洁工跪在地上清理瓷砖缝隙。我们可以这样肯定:“你这种一丝不苟的态度,不但是所有员工应该学习的,还向顾客展现了我们企业精益求精的工作作风,会增强顾客对我们产品的信心。”

得体。放大期待要恰到好处,适可而止、恰如其分,既不过分,也无不及。正如宋代诗人邵雍在其诗中所描绘的:“美酒饮到微醉后,好花看到半开时。”放大得过头了,就会有吹捧之嫌;放大得不够,点化不到位,会很乏味,起不到启发作用。

及时。发现值得放大的期待后应及时肯定,过后再说效果则会大打折扣。不过,把当时积极行为记录下来,找准机会进行一次集中点赞,也会收到意想不到的效果。

个性。对员工的积极行为进行肯定时,应找准亮点、特殊之处,而不是千篇一律。有一则赞美的小故事很是特别,颇受启发。在巴黎浪漫的露天咖啡座,一个年轻男子双眼含情脉脉地凝视着他的女伴美丽的双眸。在情人充满爱意的眼神里,那位女生羞红了双颊,不禁慢慢低下头来……这时,年轻男子口中冒出了一句:“你的爸爸……是不是当小偷的?”在如此浪漫的气氛下,听到这般突兀的问话,女生霎时诧异地抬起头:“不是啊!我爸爸……你是知道的,他在当警察啊!你怎么会说他是小偷?”年轻男子伸出右手,抓了抓后脑勺,慢慢地道: “那就奇怪了,如果……你爸爸他不是当小偷的,又怎么能够到夜空里,将天上的星星偷摘下来,放到你的眼睛里呢?”

肯定与赞美能改变人的态度,期待什么就赞美什么,你就能得到什么,它的力量是巨大的。每个人都有优点,所做的每件事情都有积极的一面。不是你的部属没有值得赞美的东西，而是你还没有发现值得赞美的东西。当组织中，充满了我们的期待能量时，消极的东西自然就没有了生存的空间，积极主动的态度则会顺其自然地形成。

第三节　永远不要否定

人都不希望把事情做糟，除非是恶意的，这是每个领导者应该保持的基本认知。既然如此，领导者应怎样对待或者处理员工在工作中出现的问题、错误呢？如果不是恶意，就去找鼓励，这是一个很好的答案。对此，可以这样理解，如果不能将错误挽回，就永远不要否定。

美国前总统柯立芝有一位漂亮的女秘书，人虽长得很好，但工作中却常因粗心而出错。一天早晨，柯立芝看见秘书走进办公室，便对她说：“今天你穿的这身衣服真漂亮，正适合你这样漂亮的小姐。”这句话出自柯立芝口中，简直让女秘书受宠若惊。柯立芝接着说：“但也不要骄傲，我相信你同样能把公文处理得像你一样漂亮的。”果然从那天起，女秘书在处理公文时很少出错了。一位朋友知道了这件事后，便问柯立芝：“这个方法很妙，你是怎么想出的？”柯立芝得意扬扬地说：“这很简单，你看见过理发师给人刮胡子吗？他要先给人涂些肥皂水，就是为了刮起来使人不觉得痛。”这个故事后来被管理学界称为“肥皂水效应”。

“6S 大脚印”管理是海尔在加强生产现场管理方面独创的一种方法。他们将生产车间的空旷处画上一个“6S 大脚印”，对当天员工的工作表现进行小结。如果有突出成绩的可以站在“6S 大脚印”上，把自己的体会与大家分享；如果有失误的地方，也要站上去讲自己的经验教训。刚才始，这一方法效果非常好，但时间一久，有的犯了错误或出了问题的员工站在上面，感觉如同被“批斗”一般，非常难看且伤害自尊。尽管每个人都尽量少出问题，避免如此一“站”，但还是经常会有人被迫而“站”。

此方法开始在员工中产生反感情绪，有些员工为此把主要精力放在了避免犯错上，失去了工作的主动性，更不敢去创新，因为创新时犯错的可能性会更大。在海尔的美国南卡工厂现场，美国工人更是指责其侵犯了人权。针对上述情况，海尔领导层对此进行了改进。规定：6S 班前会，仅让工作表现优异的员工站在“6S 大脚印”前面向同事们介绍经验，有问题的员工只需要在下面自我反省。“6S 大脚印”管理法又重新绽放出光彩。一名南卡工厂女工感叹：“今天站到这个地方我非常激动。我注意保持安全、卫生、质量，在这方面我尽了最大的努力。对我的表扬是工厂对我的工作的认可，我非常高兴。在今后的日子里我会继续努力，为海尔贡献我的力量。”

用肯定代替否定，以赞美代替批评，运用最为娴熟的莫过于大教育家陶行知先生了，他教育犯错误学生的故事堪称经典，令人百读不厌。

陶行知先生当校长的时候，有一天看到一位男生用砖头砸同学，便将其制止并叫他到校长办公室。当陶校长回到办公室时，男孩已经等在那里了。

陶行知掏出一颗糖给这位同学：“这是奖励你的，因为你比我先到办公室。”接着他又掏出一颗糖，说：“这也是给你的，我不让你打同学，你立即住手了，说明你尊重我。”

男孩将信将疑地接过第二颗糖，陶先生又说：“据我了解，你打同学是因为他欺负女生，说明你很有正义感，我再奖励你一颗糖。”

这时，男孩感动得哭了，说：“校长，我错了，同学再不对，我也不能采取这种方式。”陶先生于是又掏出一颗糖：“你已认错了，我再奖励你一颗糖。我的糖发完了，我们的谈话也结束了。”

整个教育过程没有一句是批评，然而陶先生的目的已经达到，而且使学生从心底深入承认了错误。

对待员工出现的问题或错误，不批评找肯定，虽然表面没有放大期待的意思，但却为员工提高工作的主动性打下心理的动能基础。人的心理活动特性告诉我们：批评使人产生的怨恨，远大于因羞愧而转化为发奋的力量；内疚与怨恨相比，前者更会使人产生主动补救的行动，因为不但想还心账，还想要证明自己。

放大期待不能仅停留在语言层面，领导者应以自我的热情和行为感染员工。想让员工怎么做，自己首先应该怎么做；想让员工以什么样的态度工作，自己应先用这种态度工作。领导者虽然不能决定员工积极主动工作的态度，但可以通过行为对其态度施加影响。日本京瓷株式会社的管理哲学明确：领导者在工作时必须把周围的人卷进工作的漩涡。如果一个领导者能够为了集体成员的幸福不断付出超于常人的努力，那么他就必然能够赢得所有集体成员的拥戴和追随。拥有殊死角斗、意志坚韧、永不放弃的好胜心的行为与态度，应是领导对期待的最好放大方式。

第七章

释放动能的利器：放权

有人将授权定义为：上级将完成某项工作所必需的用人、用钱、用物、交涉、协调等权力授予给部属的行为。严格讲这不是授权，而是分配工作任务。授权是将你职责权限内的事情，委托给他人去完成的一种行为。通俗讲，事是应由你做的，但由于种种原因，你没有能力或时间去做，而是请别人代替你去做。所以，我们在管理上常常讲的授权不是真正意义上的授权。从岗位职责的角度，企业不管是什么样的组织结构，都是由若干个岗位组成的，而每个岗位都有自己的职责、任务、工作要求。如上级有企业给其规定的职能、任务；下级也有企业为其规定的职责任务。既然给了任务，就要给完成任务的资源（不给任何资源，空手套白狼，傻瓜才干），这是天经地义的事情。从劳动契约的角度，只要员工接受了岗位的工作，那么就等于与企业签订了一份合同，应该在既定的条件下承担岗位职责，完成岗位工作。此外，如果上级领导者感觉到自己岗位的部分职能，可以或有必要赋予下级的某一个岗位，决策之前有授权的内涵，实施后则只是两个岗位职责的变动、调整问题，也不能说是授权。不过，也不能排除领导者有些本属于自己的职责，在特殊情况下授予下级去做的情况，但这只能是特例非常态行为。

那么，领导者的权力是什么呢？做好自己岗位规定的事。当然，这其中还有一项职能：督导、帮助下级完成其应该完成的事。授权之所以引起人们的热议，是因为领导者做了自己不该做的事——干扰、干涉下级工作。因此，领导者调动员工积极性应是放权，而不是授权。

第一节　领导者为什么要留恋权力

领导者不愿放权，归纳起来主要有三个原因：

1. 管理混乱，无法放权

企业管理可概括为两种类型：一类是软性管理，其内涵是无特别具体的职责内容，仅有概略的任务或目标要求。如人力资源总监的一项职能是发现人才，什么样的人算是人才、每月发现多少人才、发现什么层级的人才等，很难进行精准界定。另一类型是硬性管理，它是由任务、制度、流程等组成，有明确的目标、操作方法、完成的标准及时限要求等。如车间主任的职责是完成年度生产任务，它有数量、质量、成本的具体标准和要求。软性管理与硬性管理是两个相互关联的整体，多数岗位都是由这两个类型的管理职能所组成。相对而言，基层或员工更多的职能是硬性管理型，领导层级越高，软性管理型职能越多。

管理的难易取决于职能的可量化程度。软性型管理虽然职能难以界定、量化，但它不是管理混乱，因为它需要更多的创新型的方法。管理混乱大多出现在硬性型管理上。企业在成立初期最容易出现此类混乱，很多流程、制度，包括行为准则、企业核心价值观、信念等都没有完全成型；组织结构还不健全，一人多职，层级不明，责任不清；岗位职责模糊，管理没有可衡量的标准，通俗地讲是无法可依。此种情景下的领导者根本没有办法放权。

2. 缺乏信心，担心失控

其根本的原因是对部属的能力、素质没有信心，总想将部属的一切行为都纳入自己的视野，以便及时纠正偏差，或应对危险情况，确保不给组织造成损失。

《三国演义》第一百一十三回有这样一段话：

主簿杨颙（yóng）谏曰："某见丞相常自校簿书，窃以为不必。夫为治有体，上下不可相侵。譬之治家之道，必使仆执耕，婢典爨，私业无旷，所求皆足，其家主从容自在，高枕饮食而已。若皆身亲其事，将形疲神困，终无一成。岂其智之不如婢仆哉？失为家主之道也。是故古人称：坐而论道，谓之三公；作而行之，谓之士大夫。昔丙吉忧牛喘，而不问横道死人；陈平不知钱谷之数，曰：自有主者。今丞相亲理细事，汗流终日岂不劳乎？"孔明泣曰："吾非不知。但受先帝托孤之重，惟恐他人不似我尽心也！"

众皆垂泪。

这是主簿杨颙劝谏诸葛亮描述，意思是：“治理国家是有制度的，上司和下级做的工作不能混淆。请您允许我以治家做比喻：现在有一个人，命奴仆耕田，婢女烧饭，雄鸡报晓，狗咬盗贼，以牛拉车，以马代步；家中事务无一旷废，要求的东西都可得到满足，悠闲自得，高枕无忧，只是吃饭饮酒而已。忽然有一天，对所有的事情都要亲自去做，不用奴婢、鸡狗、牛马，结果劳累了自己的身体，陷身琐碎事务之中，弄得疲惫不堪、精神萎靡，却一事无成。难道他的才能不及奴婢和鸡狗吗？不是，而是因为他忘记了作为一家之主的职责。所以古人说‘坐着讨论问题，做出决定的人是王公；执行命令，亲身去做事情的人，称作士大夫’。因此，丙吉不过问路上杀人的事情，却担心耕牛因天热而喘；陈平不去了解国家的钱、粮收入，而说‘这些自有具体负责的人知道’，他们都真正懂得各司其职的道理。如今您管理全国政务，却亲自校改公文，终日汗流浃背，不是太劳累了吗？”

诸葛亮听了杨颙的劝说回答：“吾非不知。但受先帝托孤之重，惟恐他人不似我尽心也！”

正是“惟恐他人不似我尽心也”的担忧，使诸葛亮不放心授权，大小事情亲自处理，自己不仅“鞠躬尽瘁，死而后已”，而且没有为蜀国培养统军治国之良才，葬送了蜀国。

担心失控的另一个层面，就是不放心部属的品行，将人人都设想成品行缺失的人。“权力使人腐化，绝对的权力使人绝对腐化”。害怕自己的放权导致组织、公司崩溃，此种担心并不为过，因为管理的基本假设是人不会主动以符合组织意愿的方式行动。但此设计的初衷是促使组织建立完善的制度、流程等规范化管理体系，以规则约束、激励人的行为，而不是让领导者长久亲力亲为。

3. 虚荣驱使，害怕失落

一些人看人看的是权力、地位、财富，而不是看人本身。正是这些根植于领导者大脑中的理念，造成有的领导者怕放权使自己失去身份、地位。现实中众多看人下菜碟的阿谀逢迎之徒，无形中助长了领导者的虚荣满足感。

另外，持有自恃思维的人也不愿意放权，因为他们自认为很聪明，自恃其才，总认为别人都不如他做得好。有些滥竽充数式的“南郭先生”，对自己的能力没有信心，想借助“掺和”，分沾他人一点成果，甚至是偷享他人之功。

第二节　让员工积极起来的利器：放权

企业的健康状态是其中的每个分子都充满活力地运动。实现这一状态的条件之一则是领导者能充分放权。有人说：“如果领导是白发，下属都是黑发，这是失败的管理；如果领导是黑发，下属都是白发，这是成功的管理。”不一定准确，但却揭示了一个道理：放权是激发、调动部属积极性的基本工具。注意：本章中讨论的放权，不是没有原则地将本属于领导者的权力无条件地下放给部属，它是指将领导者不该管理东西彻底放弃。其本质是无干扰地按职责要求工作。

1. 放权赢得信任

人们常讲："用人不疑，疑人不用。"如果领导者经常插手部属权限内的工作，则会使员工有种不被信任的感觉，影响积极性的发挥。放权是基于一种充分信赖的心态，缺乏信赖即不敢放权，这是一般人都懂的道理。因此，当领导者能放手让部属按照自己的思路去完成工作时，自然而然地产生了信任感。信任既是责任，只有更出色地完成任务，才不辜负信任。信任能催生动力，这是无数实践证明了的真理。

2. 放权培养能力

诸葛亮凡事亲力亲为，使部属生成了惰性。"有什么问题都可以去找丞相，我们何必费心呢"，在这种信念的驱动下，部属的能力没有得到培养、锻炼、激发，以至于最后到了"蜀中无大将，廖化为先锋"的无人可用窘境，成了三国中最先灭亡的一方。领导力之父、组织发展理论先驱、管理专家沃伦·本尼斯在《成为领导者》一书中反复强调：领导力不是天生的，而是后天造就的，而且更多地靠他们自身的努力，而非任何外在的途径。他还认为：领导力的提升重要的是历练，而不是传授。企业的成功需要的是一群能团队协作、独立作战的狼，而不是一群在头羊领导下、逆来顺受的羊。

1987 年，任正非集资 2.1 万元创立华为，历经三十年艰苦奋斗，使得华为从一个毫不起眼的小作坊发展成为拥有17万名员工、年销售收入超过5000亿元的通信帝国、全球信息与通信技术行业的领导者、世界500强中的一员，创造了中国乃至世界企业发展史上的奇迹。然而，任正非将98.6%的股份都分给了员工，自己只占有公司1.4%的股份。当人们问起他成功的秘诀时，他说了四个字："放权、分钱。"

3. 放权聚集智慧

多少年来，人们一直在问管理是什么，站在智慧的角度可以这样理解：管理是聚集智慧的过程。企业的成长、成功不是一个人的智慧，它应是所有成员智慧的结晶。因此，衡量领导力的强弱应看其是否能挖掘、调动、发挥所属成员积极主动地贡献自己的智慧。人有一种本质，即体现自我价值。放权，给了人自由发挥的空间，他们可以根据自己的设计来创作"作品"。放权，是提高人们自主性、发挥创造力的好方法。如果领导者长久把持发号施令的大权，员工只有叫干什么就干什么的权力，以逆来顺受、努力取悦上级换取认可、奖励和报酬。一些有思想、有主见的员工迟早会离开企业，更谈不上为企业贡献智慧了。放权是领导者智慧和能力的扩展和延伸。

4. 放权分担责任

责任是人工作动力的要素之一。如果不放权，则预示着责任也没有下划，形成领导者一人承担的局面，下级不会有太大的责任压力。放权是将责任让渡给更多的人共同承担，让团队每个成员有目标、有责任，使其在责任的驱使下，更加投入、更有创造性地工作，产生“四两拨千斤”的力量和“九牛爬坡，个个出力”的协作精神。

另外，放权还可以使领导者将更多的精力投入到重要的事情上，投入到该做的事情上。同时，放权也可以减少矛盾，减少推诿、扯皮行为。

第三节 领导者要明晰自己的职责

1. 领导者应该做什么

美国著名企管顾问史考特·派瑞博士曾提醒领导者：别做下属能做的事。他认为，领导者不应是一个保姆，家里的一切都需要做，而是一个家的主人，只做属于自己的那一部分工作。作为领导者，应清楚哪些事情是关乎企业成败、生存的当务之急？是必须自己来做的？哪些别人也可以做得一样好，甚至更好？如此，就可以知道自己应该做什么了。

除了本职职责要求的具体事务外，领导者应重点控制部属的五种行为：

（1）控制背离企业价值观、经营理念的行为。

（2）控制违背职业道德的行为。

（3）控制超出权限行事或使财务产生重大危险的行为。

（4）控制严重损害部属或员工利益的行为。

（5）控制违背商业道德的行为（如严重损害客户利益的行为）。

除此之外，剩下的就是关心、爱护。对于工作，在部属提出请求时，记住是在其提出请求时，给予帮助。这种帮助是有限度的，不到万不得已，不能为其出主意、想办法，或者代办。

2. 放权的几点思考

放权最好的方法是从观念上、行为上，放弃本不属于你的一切干预。每位领导者都应详尽盘点自己的工作，切勿“种了别人的田，荒了自己的地”。即使部属能力欠缺，领导者也应放权。要敢于放手让其充分发挥主观能动性，哪怕出现错误也没关系。因为只有错误，下属才能成长；只有遇到挫折，下属才有解决挫折的动力与愿望。如果一味地担心下属做不好，或怕出错误，而将其放在襁褓之中，他们的能力永远都不会提升。

要识别什么是分派工作？什么是授权？什么是放权？很多人将领导正常的工作安排也当成了授权，这是错误的。凭心而论，如果企业岗位职能分析科学、到位，职责划分清晰、明确，又有多少权可授呢？单纯意义上的授权，只要选对人、说清事、分明责、设好限，就不会出现大问题。应尽力改变“株连九族式”的问责制度，领导者对部属出现的问题负责，应是负失察之责，如果自己不是招聘、培育、提拔的责任人，只负考察失察责。

关注结果，但不是只要结果，应及时看看任务的关键环节。注意此环节，要避免出现干预行为，即使是发现部属存在的问题，只要不是必须控制的问题，则只应是提醒注意。

善于“有所知，有所不知”。“有所知”，是要知道哪些是最大的事情，是关乎企业生死存亡的事情。“有所不知”即不是你的职能规定你做的，知道也要表现出不知道。杰克·韦尔奇有一句经典名言：“管得少就是管得好。”管得少，并非说领导的作用被弱化了，而是将主要精力放在最需要管理的事情上。领导者应鼓励部属说：“谢谢，没问题。”领导的放权状态代表着企业管理的水平，放权是启发部属积极主动的有力工具。

第八章

情感是启发员工主动性的条件

人都是以两种形态存在于这个世界：一种是以使生命得以延续的生理自我；另一种是精神得到愉悦的情感自我。除了必须提供的合理薪酬、安全保障外，组织对人的最大影响就是情感。情感是影响人成长进步的主要因素，是人基本的行为驱动因素，也是工作效能的重要决定条件。领导者作为员工的直接接触者，对其情感起着决定性的作用。通过影响员工的情感，形成积极主动的行为驱动力，以改善工作心态，提高工作效率。

第一节　情感：有待深度开发的激励资源

对人这一资源的开发，弗雷德里克·温斯洛·泰勒在1898年受雇于伯利恒钢铁公司期间，进行的“搬运生铁块试验”和“铁锹试验”，是以科学的方法对人力资源进行研究、开发的标志。它还包括以吉尔布雷斯夫妇1885年进行的动作研究——砌砖研究。此阶段主要是从技能、智能的角度，着眼于人肢体动作的科学性、经济性，研究如何提升人的劳动生产率，是人力资源开发的初级阶段。1924—1932年，美国哈佛大学教授梅奥主持在美国芝加哥郊外的西方电器公司霍桑工厂所进行的一系列实验，发现工人不是只受金钱刺激的“经济人”，证明了人的态度、情感对其行为的重要影响。1959年美国心理学家赫茨伯格提出了“双因素理论”，又称“激励保健理论”，认为引起人们工作动机的因素主要有两个：一是激励因素；二是保健因素。只有激励因素才能够给人们带来满意感，而保健因素只能消除人们的不满，但不会带来满意感。激励因素的改善使员工感到满意的结果，能够极大地激发员工工作的热情，提高劳动生产效率。他通过研究发现，真正能激励员工工作主动性的因素是：

（1）工作表现机会和工作带来的愉快。

（2）工作上的成就感。

（3）由于良好的工作成绩而得到的奖励。

（4）对未来发展的期望。

（5）职务上的责任感等。

由此，赫茨伯格认为，提高生产率需要用“工作丰富化”的管理方法来取代“流水作业线”的生产程序和管理方法，这样可以减少工人的不满情绪。此阶段还有美国心理学家约翰·斯塔希·亚当斯于1965年提出的公平理论，又称社会比较理论等。在这一时期，人们确认了态度及情感对劳动生产率的影响。

1990年，美国心理学家约翰·梅耶（新罕布什尔大学）和彼得·萨洛维（耶鲁大学）首先提出了情商（情绪商数）（EQ）的概念。1995年，时任《纽约时报》的科学记者丹尼尔·戈尔曼出版了《情商：为什么情商比智商更重要》一书，掀起了全球性的EQ研究与讨论热潮。起初，人们对情商的重视，仅仅是对个人成长影响的理解、情绪的自我管理等。如今，它已经进入企业管理领域——如何进行情感管理。随着研究的深入，领导者不再满足于通过管理自我情绪来影响他人，而是在管理自我情绪的同时，通过不同的方式刺激，促使员工产生积极情感，消除消极情感对工作效能的影响。

1. 情感影响积极动力

情感能激发和引导人的行为。因为做某事可以产生快感，所以会主动去做某事；因为做某事，会产生烦闷，所以会拒绝做某事。能为人带来快乐的情感我们称为积极情感，相反为消极情感，消极情感具有极大的杀伤力。

曾经是美国陆军首席心理军医官的威廉·E·迈尔少校，20 世纪 50 年代初，研究了被战俘营囚禁的 1000 名美军战俘因消极情感而出现大量死亡的案例。

战俘们关押的地方有吃、有喝、有住，四周没有铁丝网，也没有布满荷枪实弹的岗哨，没有受到当时流行的酷刑折磨，有些战俘甚至与看守成了好朋友。应该说他们所受的待遇比有史以来的各场大规模战争中的战俘都要优越。那么，为什么他们中会有人接连不断地死去呢？且死亡率高达 38%，创美国军事史之最高记录。更令人吃惊的是，死者中有一半人并未患生理疾病，而是死于绝望。他们从精神到肉体彻底投降了。威廉·E·迈尔调查发现，死去的人都得了一种病——极度绝望症。不少士兵会神志恍惚地走进自己的草棚，绝望地环顾四周，完全丧失求生的欲望，独自躲进一个角落，头上蒙一块棉毯，一声不吭地坐在地上。两天后，就死去了。士兵们称这病为“破罐破摔病”。

深入地进行调查，威廉·E·迈尔找到了极度绝望症产生的根源——对方使用了情感武器。

使用四大战术，阻止战俘们从相互交往中获得情感支持。

（1）相互告发。为了鼓励战俘互相告发，看守们给告发者香烟等奖励。但是看守们对违纪者和告发者都不加惩罚。他们鼓励战俘相互告发，另有目的，那就是破坏战俘之间的关系，挑起内讧，同室操戈。

（2）自我责备。为了推动自我责备，看守们将战俘分成10～12人一组，然后实施所谓的一种变形的“团体心理治疗”。开会的时候，每个人都必须站在全体面前，当众坦白他做过的所有坏事，以及他应当做却没有做的好事。目的在于，战俘们并不是向看守们，而是向自己的同伴坦白。通过暗中瓦解美国士兵的相互关爱、信任、尊重和宽容，看守们创造了一种环境，消耗战俘间的友情。

（3）瓦解对上级和祖国的忠诚。看守们阴险地挑拨士兵与其上司的关系，此举产生了恶劣的后果。一次，一名上校警告诉他的一个部下不要喝稻田里的水，以免染病，竟然遭到士兵的白眼。后者对他说：“你早就不是上校了，而是跟我一样是一个倒霉的战俘。你管好自己，少管我。”几天后，这个士兵死于痢疾。还有一次，一名战俘将三个重病的同伴逐出草棚，40名战俘却袖手旁观，任他们活活冻死。这些战友为什么无动于衷？因为这“不关他们的事”。由于关系破裂，战俘们不再相互关爱。

（4）剥夺一切积极的情感支持。如果家人给一名士兵寄来鼓励的信，看守就会扣下。而所有消极的信，如通告某个亲戚的死讯，或妻子放弃等待，宣告再婚，会被立即交给收信人，还转交家中寄来的欠账单。结果：士兵们失去了生活的目的。通过这些方法，看守们将战俘抛入某种“前所未有的情感和心理孤岛”。

最终的结果。战俘们回国后，断绝了相互来往，更无友情可谈。每个人在精神上都被关进了“没有钢筋和水泥的单身牢房”，对社会、亲朋都变得十分冷淡，没有了上进心。

对战俘们情感上的摧残，战俘营并没有太多的付出，但产生的后果是严重的。联系到企业，是不是存在着一些制度，领导者的一些行为，也在对员工们进行着精神摧残呢？我想，很难坚决地给予否定。

2011 年，我们选择了一家电信公司，对其能接触顾客的一线员工进行了情感——顾客忠诚度调查。

首先，我们对 500 名不再接受公司服务的顾客进行了访问，主要目的是揭开顾客离开公司的原因。结果发现，近 70% 的顾客是因为公司员工的态度问题。看来对于服务性行业，伤害顾客情感是杀死忠诚的罪魁祸首。

而后，我们将调查转向公司内，派人直接观察服务人员的行为与情绪。调查的方法之一：观察服务人员情绪对服务质量的影响，对情绪差的服务员服务过的顾客进行访问，记录顾客的感受、反应。经过三个月的跟踪统计，服务人员情绪状态不好时，服务过的顾客 63% 感觉较差；情绪状态良好时，服务过的顾客仅 7% 感觉不好。调查方法之二：情绪状态良好者的服务满意度，与情绪不稳定者的服务满意度对比。结果，情绪状态良好者的服务满意度为 96%，情绪状态不好者（时）的服务满意度仅为 31%。

当两个结果得出时，公司领导发现了其中的奥秘，请我们进行了这样的试验：对所有员工进行情感形态分析，然后将情绪稳定性好、良好状态保持时间久的员工挑选出来，组成新的服务团队。一段时间后，再进行顾客满意度、忠诚度调查分析。依公司的要求，我们根据服务人员的情感形态类型进行了分组（为了不伤害员工的情感，这一活动是秘密进行的）。两个月的试验结束后统计，情感状态良好团队的顾客服务满意度达到了创纪录的97%。这期间没有一名顾客因服务态度而再次投诉或离开。后期，公司对员工进行了情感测试，将高情感指数的员工调整到了服务岗位。年底，在全国各子公司服务评比中，该公司从去年的第21名上升到了第6名。

2. 员工流失与缺勤的推手

员工为什么会离职，排在首位的原因是与领导者的关系。医疗研究表明，如果员工在一个他们讨厌的上司手下工作，他们的血压会明显偏高。英国心理学家和心理医生乔治·菲尔德曼发现，此种源自顶头上司的高血压病会把冠心病和中风的风险分别提高1/6和1/3。菲尔德曼说："员工在为他们讨厌的上司工作时，血压会明显升高，其升高幅度具有统计和临床意义。而如果他们在自己格外讨厌的上司手下供职多年，就很可能因为长期高血压而患心脏病。"坏上司会把员工中风的风险提高33%。

医学研究还发现，人患疾病的70%与人的情绪有关。2009年，积极心理学研究者完成了一项涉及27.5万人、200多项的综合研究，研究表明：在工作、健康、友谊、社交、创造力和活力等几乎所有方面，快乐或积极心态都可以带来成功；心态消极的员工会请更多病假，平均每个月在家多待 1.25 天，每年多请 15 天假。

人对外界的适应是通过调节情绪进行的，情绪直接影响人的身心健康。古代医书《内经》中就有“怒伤肝，喜伤心，思伤脾，忧伤肺，恐伤肾”的记载。溃疡、偏头痛、高血压、哮喘、月经失调等属于心因性疾病，与人的情绪失调有紧密关系。现代医学证明癌症与长期心情压抑有关。一项长达 30 年的关于情绪与健康关系的追踪研究发现，年轻时性情压抑、焦虑和愤怒的人患结核病、心脏病和癌症的比例是性情沉稳的人的 4 倍。有人说：“一个小丑胜过一打医生。”形象地说明了情绪对人身体健康的影响。

3. 情感左右工作效率

心理学研究证实，持有积极情绪的人，劳动效率较消费情绪的人高 30% ~60%。具有积极情绪的医生，做出的明智且富有创造性的诊断几乎是具有中性情绪医生的 3 倍；他们做出快速准确诊断的速度要比后者快 19%。研究还发现，乐观销售员的业绩要比悲观的同行高出 56%。

2005 年，盖洛普机构公布了一项研究结果：据估算，当年美国约有 2200 万以上的员工心态格外消极，或“完全处于怠工状态”。这种四处蔓延的消极心态不仅令人沮丧，而且代价高昂。消极心态导致的低效率使美国年经济损失 2500 亿 ~3000 亿美元。如果加上工伤、病假、人员流失、旷工和欺骗行为，这一损失每年超过 1 万亿美元，相当于美国 GDP 的 10%。这一问题并非美国所独有，而是不同程度地存在于我们研究过的每个国家、行业和组织里。

心理学家解释：这个数字应是保守的。因为为了精确估计损失，研究者仅仅关注“怠工”员工在工作中的直接影响，对每个人的工作效率进行量化。在分析数据时，只能假设，每个“怠工”的员工只是坐在自己的座位上偷懒，而不是到处捣乱。无疑，这种假设是难以成立的。事实上，大部分“怠工”者每天都在拉着别人和他们的破船一起下沉。

另外，情感具有调控功能。情感对于人有积极作用，也有消极作用。良好的情感会提高大脑活动的效率，提高认知操作的速度与质量。反之，消极的情感会抑制大脑的活动，降低人的认知水平。日本有学者研究发现，当人在情绪极度不稳定时，其智力水平仅相当于6岁的孩童。工作的难易程度，需要不同的情绪状态，越是困难复杂的工作，越需要情绪的低波动性。消极情绪，如恐惧、悲哀、愤怒等会干扰或抑制大脑的认知功能。恐惧情绪越强，对认知的破坏就越大。

情感对员工的影响是多方位的。如面对生活压力的增加，一些员工出现焦躁、不安、紧张、冷漠等情绪反应，如果得不到及时疏导化解，不仅伤及员工个人身心健康，还会“传染”给企业其他员工。他们目光呆滞地在办公室里溜达，从一个座位走到另一个座位，没完没了地抱怨，唯恐天下不乱。所以，有些企业从维护效率的角度，采取了给心态格外消极的员工放假的办法，防止他们“成事不足，败事有余”。

领导者是员工情感的主要影响者和引导者，具有不可替代的作用。

其一，领导者自身情绪的好坏，直接影响团队的积极性。因此，领导者应成为一个情绪自我管理的高手，以自己的良好情绪影响员工。

其二，领导者应成为引导他人情感的行家，即具备影响他人情绪的能力。

随着知识型员工的增加，情感对人行为动机的影响会愈加强烈。职位越高与情感影响的关联度越高。这些都需要我们进行深入的研究、分析，掌握情感的特点，为开发人的情感资源打下坚实的基础。

第二节　揭开员工情感的面纱

开发情感资源，必须理解情绪、情感、情绪智力三个基本概念。情绪是人受到刺激后所呈现出的外在行为反应，它的主要指向是反应，是行为层面的表现。情感是人受到刺激进行的一系列自我认知评价活动，是心理的内在活动。情绪智力是人管理自我情绪及他人情绪的能力，是情感与情绪的概括。情绪和情感构成了人基本的动机系统。愉快、平稳的积极情绪能使人的大脑及整个神经系统处于良好的激活状态，驱动人以欢快的心态从事学习和工作，提高能力和记忆力，充实人的体力和精力；消极的情绪抑制人的学习和活动能力，降低体力、活力、记忆力，影响学习和工作效率。当然，消极情绪不是在所有时候都会降低学习和工作效率，比如焦虑在适度的情况下也会促进学习和工作的效率，适当的紧张情绪状态可以维持人们对任务的兴趣和警觉，有利于学习和工作效率的提高。

情绪的本质是驱动行为，至于行为是走向积极还是消极，关键是情感对情绪判断的标准。假如我们遇到一个小偷在偷窃，如果我们的感知标准认为偷窃是求生行为，可能会产生正向情绪；如果我们的感知标准认为偷窃是不道德的行为，则会产生厌恶、憎恨的情绪。因此，情绪的两面性给领导活动以极大的启示，即如何使自己的行为产生正向或积极的情感刺激，促进员工主动性的发挥。

1. 情感的本质

分析情感倾向和情绪智力，能发现其对行为选择、行为强度的影响。情感倾向与人格特征倾向很相似，但我们不能认为它是性格倾向，或性格倾向中的一部分，它应是个性构成的要素。积极心理学将情感分为积极情感和消极情感两种形态，且它们不是非此即彼。人可以同时存在这两种情感形态，但通常是有一种占据优势，或表现强烈。积极情感的人能得到较多人际资源，或更多人的支持，能积极面对各种事件，成功应对压力，会具有较高的工作和组织认可度。消极情感和工作满意度之间呈现反向关系，但与人员的流动意向及流动率正相关。由此，我们可以认为具有积极情感的个体对工作环境会产生积极的情感反应，进而反映在工作态度上的积极性。

高消极情感的人容易产生压力感和不满意情感，他们更愿意关注自己的不足和失败，倾向于思考环境中的负面的、消极因素，因而会产生消极的自我概念。所以，高消极情感的人面对困难时，会做出倾向于失败或出现难以应对问题的判断，同时产生压抑或焦虑的情感。

彼得·沙洛维和约翰·梅尔在1990年正式提出了情绪智力概念："正确、有效处理情绪信息（包括自我和他人的情绪信息）的能力，这些信息与情绪识别、情绪构建、情绪调节控制相关。"沙洛维和梅尔指出情绪智力体现于情绪的感知、吸收同化、理解和管理过程，其结构包括四个要素：情绪的语言和非语言方式的表达和评价；自我和他人情绪的调节规制；有助于成长的情绪知识；产生有助于解决问题的情绪的能力等。丹尼尔·戈尔曼在此基础上提出了情绪智力的"五胜任力模型"，即自我感知、自我调节、自我激励、社会感知（移情思考）和社会技能（关系管理）。通俗认为，情绪智力是管理自我及他人情绪的能力。

丹尼尔·戈尔曼认为情绪智力在个人成功中发挥着无可替代的作用。他甚至认为个人成功80%应该归功于情商，而智商只有20%的贡献。尽管这一结论还缺乏更多实证的支持，但却得到了大多数人的认可。在企业管理中，人们发现高情绪智力水平的团队，其绩效水平高于低情绪智力水平的团队，且会有持续的高绩效水平的发挥。

人的情感就像一个"探头"，对环境随时进行监测和评估，环境的变化会引起情感的反应，进而表现在行动和表情上。如果探测到令自己舒适的信息，则会表现出愉悦，或延伸到行动上。对于环境引发因素，我们可以将其简单地划分为工作因素和生活因素。因为引发强度的不同，所引发的情感反应也会有差别。如本月的绩效反馈一般，那么其消极情感的反应也不会太强。人对环境的监控评价是一个感知的过程，由于个体差异会造成监控方式和评价标准的不同，所以情感反应也不同。如对于低绩效水平的反馈，有的员工认为找到了以后行动和努力的方向，因而受到鼓舞，而有的员工认为受到挫败，感觉很沮丧，士气受损。人的情感倾向和情绪智力作为预设的判断模式和框架，影响着个体对环境引发因素的监测、感知和理解，从而影响判断结果。另外，组织文化和团体中人的行为习惯，也会造成或引发消极行为。

人思维的归因倾向，是影响监控、评价事物的主要因素。如果人将引发情感反应的因素认为是外部或他人造成的，则会采取攻击性行为以保护自尊，甚至引发报复行为。反之，人会主动寻找自己的缺点或不足，以更加努力的行为来应对反应。

企业是员工的一个重要情感环境，在此会发生诸多的刺激、影响因素。谨慎审视制度、流程，以及领导者、同事的言行，是进行情感环境优化的主要方法。

2. 职业情感

职业情感是人对自己所从事的职业所具有的态度、体验、反应等心理感应。这种感应带有明显的主观色彩，是个人对职业这个客观事物的独特感受。它既有强度上的差异，也有快感度上的区别，同时也遵循着由单纯到复杂的发展趋势。它是原始的、发自内心的、人人都存在的心理现象。同情感一样，职业情感也可分为积极的职业情感和消极的职业情感，它只不过是将情感锁定在了职业生活之中。职业情感是情感资源开发的主要内容。职业情感的刺激物是与工作有关的各种因素。

职业情感的基础要素是人对职业的态度，它更多是与兴趣爱好相关联。当人对某种事物感兴趣时，其情感将被激发，行为欲望处于活动状态，会给事物以更大的情感关注，生发积极的行为，并依兴趣的强度，决定施加行为持续力的强度。当人对某种事物不感兴趣时，其情绪处于休眠状态，会用消极的情感对待，没有产生行为的原动力。人的积极职业情感强度，也不是完全取决于兴趣、爱好，它还会因刺激的变化而变化。如有些人因经常受到"钱"多的人挥金如土，而令人羡慕的刺激，就会产生追求物质享受的欲望，从而产生积极工作或创业挣钱的情感，并转化为努力追求的行动。有相当一部分人的积极职业情感由此而生。

职业情感会通过一系列的肢体语言、语言、行为进行表达。当一个人对某个观点有积极的情感时，讲话的语调会抬升、语速会加快、面部充血量会增加，发出的声音也会给人以铿锵有力的感觉。当对某事有积极情感时，会表现出特别的专注，会不怕苦累，会认真学习相关知识，会主动寻找解决问题的方法……因此，职业情感看得见、摸得着，具有外显特征。对于职业情感的形成因素，人们倾向于"先天所传"与"后天习得"两种因素共同作用的认知。它是一个由低级到高级、由简单到复杂的渐进发展过程，通常潜伏于人的内心深处，表现出内隐、含蓄的特点，经过不断地感知、刺激实现固化，并使之习惯化。职业情感是一种高层次的心理活动，它对支配个体行为向积极或消极方向发展具有决定性作用。

持有或产生积极的职业情感的人，认识职业的态度倾向于利己与利他的双赢。他们会从社会意义和责任上去认识职业，不计较个人得失，怀有满腔的热忱和执着爱心，在此心态的支持下，善于克服各种困难，表现出强烈的职业责任意识，并不计得失地付诸行动。

持有消极的职业情感的人，把自身工作仅仅当作谋生的手段，仅仅是满足生存的需要；会过于考虑个人得失和物质待遇，不管企业如何，其都流露出对职业的不满情绪，对工作怀着消极的情感，缺乏强烈的职业责任感。消极的职业情感对职业行为有极强的负面影响，消减人行为的作用力。突出表现为缺乏激情、行动迟缓、怠工，稍遇困难便止步不前，得过且过，患得患失，“当一天和尚撞一天钟”，甚至是半途而废。消极的职业情感是团队积极工作形态的主要杀手，它不但直接从语言、行动上打击成员的积极性，还会产生“感染”，影响同职业人员的情感情绪，使人对职业产生反感，从感情上厌恶、抵触职业，降低工作效率。这是领导应努力消除的一种职业情感。

不同的人有不同的职业情感，其职业情感的强度也有差异。我们可以从四个层级认识：

第一个层级，消极的职业情感携带者，厌恶工作。工作是因生存的需要，没有办法、不得不为的行为。此类人对组织或团队的工作有极大的危害，是消极情绪的发源地。对其录用应严格限定，以免“感染”他人。

第二个层级，对职业有认同感。他们认为工作是人正常的行为，也是社会发展所需要的行为，不厌倦、不反感，会尽力做好自己认为应该做的事情，是基本的职业情感。

第三个层级，有职业荣誉感。认为人只有通过做好工作，才能赢得他人或社会的尊重。他们会通过努力工作获得认同或赞美来满足自己情感的需求。能认识到人是通过工作才能与社会或组织发生关系的道理。因此，他们具有更为持久、深刻的积极职业情感，并将这种情感转化为努力的行动。

第四个层级，职业与事业的同化感。他们能将自己的事业与从事的职业进行有机的结合，把职业当作实现人生价值的载体，认为职业发展是自己事业成功的必经之路。发自肺腑的努力，重视工作，热爱工作，爱岗敬业，是职业情感的最高状态。

3. 情绪、情感与认识

情绪和情感过程与认识过程有着密切的联系。情绪的变化来自于刺激，没有刺激，情绪处于较为平静的稳定状态；情感是对刺激的综合评定，由此决定情绪如何表现；认识是人对事物的理性感觉过程。人对事物刺激的反应取决于两个方面：你听别人怎么说；你自己怎么看。因为任何一件事情都有正反两个方面，如果别人从积极的角度去说，你也从积极的角度认识，则会产生积极的反应；当别人从积极的角度去说，而你从消极的角度去认识，情感则会处于排斥状态；如果别人从消极的角度去说，你从消极的角度认识，则会产生消极的反应；如果别人从消极的角度说，你从积极的角度认识，情感则会处于抑制状态。因此，对于事物你自己的解释才是事情的真相，才是你产生情感的根本。

美国心理学家埃利斯，经过对情绪反应的研究创建了情绪 ABC 理论。他认为激发事件 A（activating event 的第一个英文字母）只是引发情绪和行为后果 C（consequence 的第一个英文字母）的间接原因，而引起 C 的直接原因则是个体对激发事件 A 的认知和评价而产生的信念 B（belief 的第一个英文字母）。即人的情绪反应结果（C），不是由于某一激发事件（A）直接引发的，而是由于经受这一事件的人对事件的认知和评价所产生的信念（B）所引起。不是事情本身让你发威，而是你对事情的认知让你发威。任何事情如果没有衡量的标准都是中性的。所以，情感的反应有赖于事物标准的定义，所定义的标准决定了后续情感反应的依据，进而决定了强度。

第三节　用情感影响与导引员工的积极心态

浙江宁波市总工会对一万名职工进行了情绪管理现状调查。该项调查从 2013 年 5 月至 10 月，由宁波市总工会法工部、女工部各产业工会等多个部门及企业心理咨询师联合参与执行，抽样了全市各大行业的职工。向全市企业职工发放 10000 份《宁波市总工会职工情绪管理现状调查问卷》，采用封闭式和开放式的共 32 个问题进行调研，共收到回执 8518 份，其中有效问卷 7403 份。对“您工作受到情绪影响吗”，选择“经常”的占 9.75%、选择“有时”的占 72.08%、选择“从来没有”的占 15.66%、选择“不清楚”的占 2.51%。概括起来，应有超过八成人的工作会受到情绪的影响。对“您认为情绪对工作有何影响”，选择“情绪高业绩高”的占 41.59%、选择“情绪低业绩低”的占32.31%、选择“对工作业绩没有影响”的占16.80%、选择“不清楚”的占9.29%。调查发现，多数职工认为情绪与工作业绩呈正相关的关系。对影响工作情绪的主要因素，有61.60%的调查对象选择了“工作环境”、选择“人际关系”的比例为61.27%、选择“身心健康”的比例为38.43%、选择“家庭生活”的比例为33.14%。

另外，职工经常抱怨的加班，也严重影响着工作情绪。调查中，在问及“您一天所承受的最高工作时间量”时，选择“6小时以下”的所占比例为5.66%、选择“6~8小时”的所占比例为45.55%、选择“8~10小时”的所占比例为38.61%、选择“10小时以上”的所占比例为10.19%。周末加班对多数职工的情绪有负面影响。调查中，在问及“当您周末突接单位电话要求加班，您的心情怎样”时，选择“无奈”的所占比例为29.19%、选择“有些不开心”的所占比例为38.81%、选择“习以为常”的所占比例为28.73%。可见，周末加班对多数职工有一定的负面情绪影响。

这是一份非常具有指导意义的报告，反映了当今员工情绪管理方面的现状和问题，领导者应从中得到启发，有的放矢地对员工实施情绪的引导或影响。从理论的角度，所有的刺激都会引发人的情感反应，只是强弱会因刺激的强度而不同。情感的主体是自我，我们无法改变他人的情感，但可以影响人的情绪。下面我们将主要探讨对员工进行积极情感培育的六种方法：

1. 肯定与赞美

积极心理学先驱唐·克利夫顿，带领团队在全球访谈了400多万员工。其中，对10000多个经营单位和30多个行业的最新研究发现，在组织中创造积极的情感，“认可”和“表扬”是至关重要的。经常受到认可和表扬的员工往往会呈现5个主状态：

（1）提高自身效率。

（2）增强同事们的敬业度。

（3）更愿意继续为所在组织服务。

（4）顾客满意度和忠实度更高。

（5）工作中安全记录好，事故率低。

肯定与赞美能使人对组织产生良好的感觉，促进工作效率的提高。心理学家威廉·詹姆斯说：“人心灵最大的渴望是得到表扬与赞美。”领导的实践应该能充分证实这一点，表扬与赞美既是在给个人或团队注入积极情感。研究表明，善于与部属分享积极情感的领导者，所带领的团队往往心情更舒畅，员工对工作更满意、更敬业，整体效益更高。领导者要创造更多的积极语言、上进行为，不断地为员工鼓劲“打气”。

2. 给心情放假

埃美柯公司是一家专业生产型企业，有员工1200余人，各类专业技术人员450余人。他们看重人、尊重人，视员工为公司最宝贵的财富，希望每一位员工都能在公司得到良好发展。公司规定：上班先刷心情卡，心里下雨可以不上班。在各车间放上了“心情签到表”，员工上午、下午上班前第一件事情就是去表上标记自己的心情状况。“心情签到表”上有晴天、多云到晴、阴转多云和雨天四类，分别代表心情好极了、心情比较好、心情一般、心情比较糟。如果员工的心情一般和比较糟，就会有相应负责人介入了解，如果需要休息调整情绪，就可以不上班，且可以享有工资。负责重点地区销售的俞先生“心情表”曾有段时间一直“下雨”。“想着业务指标、业绩排名很头疼，特别想到全年目标，很郁闷。我压力一大，就容易情绪暴躁，胸闷气短。做销售，承压能力很重要，我不是很合适，但又不想丢了工作。”公司留意到俞先生持续“下雨”后，安排专人和他沟通，征求了他的意见，最后量身定制了更适合他的岗位。

埃美柯公司领导表示，实施情绪管理以来，公司的效率得到了很大的提升，且公司成员的精神状态变得更加有朝气和有活力。现在，越来越多的公司开始注意到了员工的情绪管理。调查发现，在经济发达地区有近10%的公司引入情绪管理，并推出了员工精神福利计划。现在的员工，特别是“90后”员工，领导者关心心情往往比调整工资还有效果。

3. 爱与关怀

如同动物都需要一个窝一样，心灵也需要一个港湾，此处应是充满了爱与关怀。企业应有家庭氛围，使员工身处其中感受到家的温暖，领导者应有家长意识，家长的行为和风范，以“真心”“善心”“细心”“耐心”的态度关爱、呵护员工，切不可以这些是员工自己的事，自己“多一事不如少一事”或者“清官难断家务事”为借口躲避、回避。调理情感的撒手锏是爱与关怀。

吴起，战国时代和孙膑齐名，人们称其为战神，他所统领的士兵个个英勇无比。究其原因发现：吴将军常常与最下等的士兵穿同样衣服，吃一样的饭菜，睡觉不铺席子，行军也不骑马，亲自挑上粮食，与士兵们分担疾苦。其对兵士们的爱唤起了他们勇敢无比的战斗激情。曾经，有一个士兵患了毒疮，吴起用嘴为他吸吮化浓的毒汁。士兵的母亲听说后却痛哭。有人奇怪地问：“你的儿子是士兵，而吴起将军亲自为他吸吮毒疮，你为什么还哭呀?”士兵母亲答道：“不是这样啊！当年吴将军为孩子的父亲吸过毒疮，他父亲作战从不后退，就战死在敌阵中了。吴将军现在又为我儿子吸毒疮，我不知道他会死在哪里了，所以哭他。”这则故事说明了一个道理，爱有多深，忠有多厚，勇即有多强。

领导者应积极努力从企业管理理念、制度上，给予员工爱护。如20世纪70年代在美国企业兴起、80年代引入欧洲的员工心理援助或情感援助计划（英文缩写EAP），也称员工帮助计划。它是由企业为员工设置的一套系统的、长期的福利与支持项目，通过专业人士，利用心理学、社会学、医学和管理学等学科的理论知识和技术方法，解决员工存在的诸多情感问题。目前，世界500强企业中，有90%以上建立了员工帮助计划（EAP）。

关心爱护有多项内容，如友情的需要、个人职业或事业发展的需要、尊重的需要等，领导者应从人的本性需求出发，细致分析员工关爱需求，多角度、全方位对员工实施帮助、关爱。

4. 排除负面刺激

过多的负面刺激会激发人的消极情绪。成功学大师卡耐基说："对待错误请不要批评，应该帮助或鼓励，批评是最没有办法的办法。"医学研究证实，当人受到负面刺激时，大脑垂体激素和松果体素分泌发生异常，造成人情绪不稳，长时间会影响身体机能。消极语言具有消极暗示功能，消极语言不离口的人，容易产生自卑心理，同时会意志消沉、失去自信。美国托马斯杰斐逊大学急诊医学教授安德鲁纽伯格博士研究发现：任何形式的消极想法，都会刺激大脑释放破坏性的神经化学物质，进而影响人的行为和认知。如果一个人将自己的忧虑讲述给他人，对方也会感觉到焦虑和烦躁，与消极的人待久了，自己的思想也会渐渐变得消极，所以人们都不愿意接近"祥林嫂"。

一位语言科学家对某印第安部落调查发现，在他们当中没有任何人有口吃的毛病，深入研究印第安语言才发现，在印第安语言中没有"口吃"这个词，所以他认为印第安部落没有口吃的人与此有根本的关系。心理学家认为，当人说某个词语时，大脑便会呈现出相关的影像。依此类推，如果在我们的语言中去掉消极的词汇、语汇，就可减少大部分消极影像的出现，从而减少了消极行为及消极传染。因此，领导者应改变自己的说话习惯，变消极语言为积极语言，同时辅以欢快的表情，用积极的暗示代替消极的暗示。

5. 拉近心的距离

身体的距离决定了心的距离，语言的距离决定了情感的距离。领导者应走出办公室，尽一切可能和机会与员工交流，当然不是敷衍了事的虚假寒暄。只要遇到员工千万别忘记打声招呼，这是拉近情感距离的第一个工具。第二个工具是记住员工的名字和重要事项（如生日），当你能直呼其名时，他会从心里产生一种亲切感。有人问曾经叱咤风云的一代雄主拿破仑成功的秘诀是什么？他说：“我没有什么秘诀，但我记住了所有部下的名字。”

6. 引领团队和谐，促成动力凝聚

团队因目标而存在，团队因追求目标而和谐。美国著名管理学家约翰·C. 马克斯韦尔在《所向披靡》一书中曾提到，世界杯中大部分甚至全部“打进的球”“好看的球”都是“配合”的结果，是“团队精神”的结果。即使是著名的球星也需要“打配合”。著名管理大师彼得·德鲁克说：“现代企业不仅仅是老板和下属的企业，而应该是一个团队。”在管理学中，“木桶原理”告诉人们：一只木桶盛水的多少，并不取决于桶壁上最高的那块木板，而恰恰取决于桶壁上最短的那块木板。从团队协作和谐的角度看，应为：木桶能够装多少水不仅取决于每一块木板的长度，还取决于木板与木板之间的结合是否紧密。如果木板与木板之间存在缝隙或缝隙很大，同样无法装满水。同理，团队的战斗力，不仅取决于每一名成员的能力，更是团结协

作、相互配合的结果。

影响情感的因素很多，我们无法穷尽，领导者应在实践中不断去探索，形成行之有效的方法，让员工始终保持良好的心态，以提升工作的主动性。

第九章

以“问”启发员工主动性

人在进行语言交流活动时，用得最多的方式就是“问”与“答”，相互之间的一问一答，应用得当，能使诸多难题迎刃而解，能使深积的矛盾烟消云散，能使封闭的心扉豁然开朗。然而，问之不当，也会使人心生不满，矛盾大增，或勃然大怒，火冒三丈，甚至大打出手。

领导者使用恰当的启发式提问，远比进行责问效果好。

“问”之经典当属《论语》，它首开中国以问、答的形式成文的先河。《论语·卫灵公》中，子贡问曰：“有一言而可以终身行之者乎?”子曰：“其恕乎！己所不欲，勿施于人。”孔子与学生的一问一答，道出了人生应该遵循的品德大道。

其实，不管是生活、工作，还是人际交往都离不开问与答的交流形式，没有了问与答，我们很难想象交流或者说生活会变成什么样子。本章我们将讨论如何以问、答形式实现挖掘智慧、增进信心、启发主动的目的。

第一节 一问一答助力主动行为

用问与答的方法挖掘智慧、增进信心、启发主动，应是最简便易行的领导方法，我们为其命名为：发问工作法。

发问工作法是指遇到自己难以解决的问题或困惑时，谋求请教他人来帮助解决，而提供帮助的人并不是按照常理，讲出问题的解决方法，却以开展与求助者对话的方式，启发求助者自己思考、发现解决问题的办法。在发问工作法中，我们把求助人定义为困惑者，把实施帮助的人定义为导引者。发问工作法有诸多益处。

1. 心和式的互动

心平气和地交流，是人与人增进感情的最佳方式，发问工作法的指导原则是平等沟通，启发与引导，让困惑者自己找到方法，不是简单的居高临下地授予方法，相当于把请求帮助解决问题的困惑者，与实施帮助的导引者，置于一个平等的平台上，进行探讨、互动。它要求双方必须创造出和谐的气氛，以提高求助成功效率。

2. 自启动力

问与答的通常模式是你提出问题，我说出答案，但发问工作法完全摒弃了这种模式，而采取启发诱导方式。困惑者提出问题，导引并不直接回答问题，而是一步一步地进行导引，导引至困惑者自己悟出道理，说出答案。用这样的工作方式，更能提高困惑者的工作动力。心理学家实验证明：人们不愿做别人强加的事，更愿做自己谋划的事。发问工作法的实施方式正适应了人的这一心理。

3. 养成习惯

发问工作法要求我们改变原有的问题求助与解决套路，用问、答代替说教、责备、批评。

习惯的养成，并非一朝一夕之事，它需要一段时间的努力与实践。有专家研究发现，人对事 21 天以上的连续重复会形成习惯，90 天的连续重复会形成稳定的习惯。根据这一理念，发问工作法的观念，我们如果进行验证 21 次以上，它将会变成你的初步工作习惯。注意，习惯的形成大致分成三个阶段。

第一个阶段，是开始 1 ~ 3 次，这个阶段的特征是“刻意，不自然”。需要刻意地提醒自己去改变，而自己也会觉得有些不自然、不舒服。

第二个阶段，是 3～9 次，这一阶段的特征是“刻意，自然”。你已经觉得比较自然，比较舒服了，但是一不留意，你还会恢复到从前。因此，你还需要刻意地提醒自己改变。

第三阶段，是 9～16 次，这个阶段的特征是“不经意，自然”。其实这就是习惯，这一阶段被称为“习惯性的稳定期”。一旦跨入这个阶段，你已经完成了自我改造，此习惯会自然而然地出现在你的相关工作中。

4. 增强自信

没有天生的自信，只有不断培养的信心。人的信心主要来自于不断成功地解决问题、克服困难，这样才能品尝到成功时的满足感，建立起自信，让自己觉得自己很行。以自我的能力来解决问题，是建立自信的最佳途径。如果人一味地认为自己不行，什么都不敢去做，而别人又没有进行有针对性的引导、帮助，就会变得不自信，这是一个恶性循环。自信，其实只是一种心态，需要的不只是自己去发掘，还需要外在的支持。发问工作法，就是启发困惑者增强自信的一种实践。

第二节　“问”的方法与技巧

发问工作法成功实施的关键前提，是“问”的巧妙运用。当困惑者提出问题或困惑时，导引者不能急于解决、直接回答，而应快速地在自己的大脑中进行一系列的处理，找出问题的关键点、核心点。问题形成的根源点，谋划出解决问题的基本途径，而后，再进入到实施阶段。并在实施的过程中，及时、果断地修正方向，以期真正启发出困惑者的智慧。

1. 准确切入

“问”问题时，一定要找准切入点，一旦出现切入偏差，所有努力将前功尽弃。如“现在的员工难管理”这个问题，有多种问的方法：“为什么员工难管理呢?”这种发问属于复述式发问，它对于启发被问者分析与解决问题，没有任何益处；“你有什么好方法吗?”这种发问属于结果式，试想，如果他有办法，还会提出这个问题吗？因此，它是没有意义的发问。“你为什么感觉难管理呢?”这种发问属于责难式发问，其含义是“别人能管理好，就你感觉到管理难”，被问者听到这样的发问，心里即产生了一种不舒服的感觉。

准确切入的关键是找出与问题关系最密切之点。如我们对“为什么员工难管理呢”这一问题，如此发问“员工难管理有什么表现”是不是好一点呢？发问的切入点看起来简单，但有很深的学问，要想做好，需要努力学习、体会和实践。

2. 由宽至窄

发问之所以难以回答，问题太大、太宽是一个重要原因，如“我为什么不能成功呢”“公司的效益怎么如此不佳”“你的领导能力为什么总是上不去”等，就是写成书也难以说清。所以，在遇到问题进行发问时，要善于把大的、宽的、深的问题，找一个可以逐步变小、变窄、变浅的路径来实施发问，就会很快地找到其根源。

进行一个问题发问模拟，看看如何将问题如何变小、变窄、变易。

问题：我为什么没有成功?

发问：“你认为成功需要具备什么条件?或者你通过学习知道成功需要什么条件?”（发问者把“我为什么没有成功”这个难以回答的问题简化了，这样发问，被问者回答起来相对要容易得多。）

回答：“我想应该有一技之长，持之以恒的决心，还要不怕苦累，还有……”（被问者列出了很多成功需要的条件。）

发问：“你说的正确，这些都是成功必不可少的条件，你先分析一下第一个问题‘一技之长’，你有吗?”（发问者没有全面关注成功需要的众多条件，而是选择了其中一个条件，让被问者回答或者分析，这就把宽的问题变窄了。）

回答：“我有一技之长。”

发问：“是什么?技术达到什么程度了?”（发问者把问题引向更深。）

……

领导者在遇到问题需要发问时，先不要急于张嘴，而是对问题有一个内省。通过内省，发现问题的切入点，并把第一问变成简单易答的问题，再进一步变窄、变易、变深。

3. 启发诱导

由于个体在知识、经验、技能上的差异，被问者不可能轻而易举地回答所有发问者提出的问题。当遇有此情景时，要求发问者，应根据被问者的素质情况，及时进行启发诱导，以促使发问的顺利进行。

某公司的销售员小王，在向一个重要客户推销产品时遇到难题，这个客户对公司特别重要，属于绝不能放弃的重点客户。面对如此的困难，小王找到了自己的上级张经理，下面是他们对话。

小王："这个客户的重要程度我知道，可现在攻了二十多天，也没有攻下来，怎么办呀?"

张经理："别急，这种情况我当销售员时也遇到过，你先确认一下，他们公司一定需要咱们的设备吗?"

小王："需要，因为他们正在和广州的一个公司接触。"

张经理："你的工作做得很细，这个情况都知道了。先说说你都采取了什么方法吧?"

小王："我首先了解了他们谁是重要决策人，是技术部长。而后，在他身上下了最大的功夫。其次，通过各种渠道和方式，向他们公司的人员宣传咱们的产品。最后，把我们产品的相关证书及试验材料提供给了他们，还有就是蹲守了。"

张经理："你做得很扎实，有一个情况你关注了吗?"(张经理开始了诱导。)

小王："什么情况?"

张经理："这个技术部经理与公司总经理的关系如何?"

小王：“他们关系很好，公司的总经理原来就是技术部经理。”

张经理：“哦，那是不是可以在总经理身上下点功夫呢?”（张经理启发小王向另一个方向思考。）

小王：“也是，如果总经理能认可咱们的产品，对技术部经理的影响应是很大的。”

张经理：“你想一想，有什么办法?”

小王：“有，原来我的一个同学的男朋友就在总经办，如果让这个同学请他帮一下忙，他肯定会尽力，要不在女友面前多没面子呀。”

张经理：“你的想法很好，试试吧，一定会成功的。”

在这一案例中，由于张经理在小王的思维即将步入困境时，马上启示是不是有另外一条通往成功的通道，使小王的思路大开，产生了新的希望。所以，发问者要注意观察，及时发现被问者的思想反应，把自己产生的灵感提示给对方，打开其思考的更多路径。

4. 穷追不舍

但凡问题，都不会轻而易举经过几“问”就能解决，更不可能是一两“问”就能解决，往往要经过多次，甚至是几十次的问答，有时还需要将问题分解成几个子问题，进行逐一问答分析才能得到真谛。我国古代伟大的哲学家、思想家、道家学派创始人，世界百位历史名人之一的老子，从小善问，其卓越成就与其不达目的绝不罢休的善问精神有着密不可分的关系。

老聃自幼聪慧，静思好学，常缠着家将要听国家兴衰、战争成败、祭祀占卜、观星测像之事。老夫人望子成龙，请一精通殷商礼乐的商容老先生教授。商容通天文地理，博古今礼仪，深受老聃一家敬重。

一日，商容教授道：“天地之间人为贵，众人之中王为本。”老聃问道：“天为何物？”先生道：“天者，在上之清清者也。”老聃又问：“清清者又是何物？”先生道：“清清者，太空是也。”“太空之上，又是何物？”先生道：“太空之上，清之清者也。”“之上又是何物？”“清之清者之上，更为清清之清者也。”老聃又问：“清者穷尽处为何物？”先生道：“先贤未传，古籍未载，愚师不敢妄言。”夜晚，老聃以其疑惑问其母，母不能答；问家将，家将不能言。于是仰头观日月星辰，低首思天上之天为何物，彻夜不能寐。

又一日，商老先生教授道：“六合之中，天地人物存焉。天有天道，地有地理，人有人伦，物有物性、有天道，故日月星辰可行也。有地理，故山川江海可成也；有人伦，故尊卑长幼可分也；有物性，故长短坚脆可别也。”老聃问道：“日月星辰，何人推而行之？山川江海，何人造而成之？尊卑长幼，何人定而分之？长短坚脆，何人划而别之？”先生道：“皆神所为也。”老聃问道：“神何以可为也？”先生道：“神有变化之能。造物之功，故可为也。”老聃问：“神之能何由而来？神之功何时而备？”先生道：“先师未传，古籍未载，愚师不敢妄言。”夜晚，老聃以其疑惑问其母，母不能答；问家将，家将不能言。于是视物而思，触物而类，三日不知饭味。

……

对待问题，只有问的多、问的深，才能启动大脑的深层思维，从而找到化解难题的方法。成功，其本质既是对问题的不断探索过程。正如爱因斯坦所言：“我没有什么特殊的才能，不过喜欢刨根问底地追究问题罢了。”

5. 归功于彼

给予充分的肯定、赞美，并将发掘出来的智慧归功于困惑者，是发问工作法成功的利器。在问、答和分析的整个过程中，导引者适时地对困惑者加以赞美、肯定，能起到鼓励其开动思维的机器，挖掘潜在的意识和能量，轻松而愉悦地专注于自己的困惑和问题的作用，并找出解决的办法。把解决办法这一智慧，归功于困惑者，是对困惑者聪明智慧的肯定，它不但能起到增强其战胜困难的信心，更能增强其人生与工作的信心。

员工李某，在公司有七年的工作经历，但总是有一种精神萎靡不振的感觉，在一个休息日，他找到了领导——车间张主任，请求其帮助。

李某：“真不好意思，耽误您的休息时间。有几年的时间了，我总是感到没有精神，整天无精打采的，自己都觉得没有什么意思，总这样下去可怎么办呀？我自己都发愁了，张大哥帮帮我吧。”

张主任：“别客气，小李。这事我也有责任，与你在一起工作也有两年了，也看出了你的精神状态，可没有及时与你沟通，还等你找上门来，我先向你表示歉意，是我的不是。先聊点轻松的，你有什么爱好吗？”（张主任通过担当责任的行动来畅通与小李的心理渠道，为后期的交流扫清障碍。)

李某：“要说爱好，也有一点，但做得不好，真是不好意思说出来。”

张主任：“噢，说来听听，说不定咱们的爱好是一样的呢。”（张进行了一次不是赞美的赞美。)

李某：“我不爱说，喜欢摆弄机械类的小制作，我们家的台灯、衣架、孩子的小推车都是我做的，不知道这算不算爱好?”

张主任：“当然算爱好啦，没想到你还真是个内秀人，有才，有才。谈谈你对现在工作的看法?”（张主任这次不但进行了直接的赞美，还对其爱好给予了很高的评价，并适时地提出了导引性问题。)

李某：“你是知道的，我现在是生产线巡视员，主要是把生产线输送带上摆放不正的零件扶一下，正了就行，真没意思。”

张主任：“小李，可不能小看这个活，我做过统计，如果生产线上的零件有10%的放不正，咱们的生产率就会降低16%左右，如果把不正率降低到5%，生产率就会提高10%，一年下来，可是一个大数字呢。

“说到这里，我正想问你一下，你在这个岗位工作这么久了，有没有发现输送带上的零件为什么总有一些不正呢?”（张是根据小李的爱好出的一个题，再将现在的工作向其兴趣上导引。)

李某：“没有细观察过，不过我想肯定有问题，只不过没有发现在哪儿。”

张主任：“你说‘肯定有问题’，我感觉你能找到，你说是吗？”（张主任没有漏掉一个可以表扬的细节，并启发其兴趣潜能。）

李某：“要是找，一定就会找到，要不然怎么有的正、有的歪呢？我想可能是在……”

张主任：“太好了，小李，你的思路很对。这样好不好，周一上班你就开始行动，如果能成功，你就是咱们车间的功臣，到时候，我向公司为你请功，这当中有什么困难我来解决，好不好？”（张主任在没有得到成果的情况下，就把功劳给了小李。）

李某：“可以，你这么信任我，干不好也没脸呀！可我今天想让你帮我的事，你还没有说呢？”

张主任：“哦，看我这个人只会想工作，你的事请放心，我有办法。先把这件事做好，到时候我请客，咱们边喝酒，边帮助。”

看到这里，其实张主任已经在解决小李心里的问题了，这且不说，我们所关注的是在整个过程中，张主任充分运用了肯定、赞美、归功于彼的方法。不仅调动起了小李工作的积极性，还为解决小李的心理问题迈进了一大步，实现了双赢。

6. 紧盯目标

用发问的方法处理问题注意不要问偏了方向，要紧盯目标，步步深入。有这样一个案例：A 领导在主持公司管理工作分析会时，一名部门经理提出：“现在，我们部门员工的执行力越来越差，如何应对？”

A 领导：“具体表现是什么？”（A 领导没有问为什么执行力越来越差，因为如果这样问，回答起来不太容易，改成现在的问法就好回答一些。）

部门经理：“主要是我们做出的决策，员工在贯彻时不尽心尽力。”

A 领导：“不尽心不尽力的原因是什么呢？”（A 领导用启发的方式问。）

部门经理：“这个原因我也说不太清。”（此时，问与答似乎陷入僵局。）

A 领导：“想一想，你在执行上级的决策时，什么情况下最有劲儿呢？”（A 领导立即打破僵局，提了一个与此有关的更容易回答的问题，说说自己的体会，总比猜测别人的心思要容易得多。）

部门经理：“我感觉执行上级领导的决策，最有劲儿的情况是自己非常清楚这个决策的目的和方法。”

A 领导：这个感觉有道理，还有吗？好好想一想。（A 领导没有说这个感觉对不对，说有道理，也是对回答者的一种肯定，同时，他还在进一步地启发这个部门经理。）

部门经理：“哦，还有一点，就是我们也参与了决策讨论，执行起来也没问题。”

A 领导：“再想一下，还有吗？”（A 领导在穷尽问题。）

部门经理：“还有，执行的结果，对自己产生的利益较大时容易产生执行动力。”

A 领导：“很好，还有没有没有想到的呢？”（A 领导使出了赞美的武器，并寄予了期望。)

部门经理：“再有，也就是多在执行中进行沟通了吧!”看来这个部门经理，真的是想不出来原因了。

A领导：“你谈的感受很有价值，在你看来执行不好，主要有四个原因：一是不清楚决策的目的意义，也就是说决策的宣贯问题；二是下级对上级决策的参与度低；三是没有讲清执行决策与获得个人利益的关系；四是执行前、执行中沟通不够。你看，我这样总结对不对呢?”

部门经理：“是的，通过刚才的分析，我也受到很大启发，如果按你总结的方法做，一定会使执行力有较大的提升。”

A领导：“王经理（上述的部门经理）说得很正确，给了我很大启发，非常感谢。在今后的决策及执行中，没有特殊情况，我们都要采用四步工作法：

“第一，决策前征求执行者建议；

“第二，执行开始前要把决策的意义讲清、讲透；

“第三，讲清落实决策与提高效益，增加执行者价值的关系；

“第四，加强在执行前、执行中、执行后的沟通，努力消除执行思想障碍。

“大家有什么意见?”

在发问中应时刻注意问与答者彼此思维的走向，使提出的每个问题不脱离找出问题根源、挖掘解决办法这个主线。

第三节 “问”的原则

发问工作法，不是就问题胡扯闲聊，不是讨论谁对谁错，不是分辨是非曲直，不是展示彼此才智。它的最真实和根本目的是启发思维与智慧，并不能随心所欲，漫无边际，想什么问什么，而是要遵循一定的原则。

1. 耐心尊重

不管是下属向领导请教问题，还是同事间探讨问题，或是领导问计于民，都要把尊重放在首位。只有相互尊重，彼此才能畅所欲言、倾心而诉。心理学有一个著名的期待效应，一个人往往会按着别人对他的看法而发展。的确，若是我们尊重对方，那么这个人便会以行动来证明自己的价值与尊严。相反，若是我们蔑视对方，就会使人变得消沉、失望，或走入仇恨、愤怒的极端。

个体在知识、技能、经验、悟性上的差异性，决定了一些人对问题并不是一点就明，而是需要我们具备良好的耐性修养，不厌其烦，循序渐进，识别关键节点，逐步引导、启发对方自己破题，找到解决方法。切记，不可失去耐性，耐性也是尊重的表现。

2. 解表归理

解表归理的原则，要求在通过问答、分析解决好现实的具体问题的同时，将解决此问题的方法，经过归纳整理，形成一套可以共用的方法或制度，从根本上解决类似的普遍性的问题。应克服“头痛医头，脚痛医脚”，只顾眼前的工作习性，善于从全局的角度，用系统的观念，举一反三、由表及里，找到形成问题的根本原因，用长远的眼光去审视问题，从制度层面去解决问题。

3. 倍增信心

“问”不单单是寻到形成问题的根源，找到解决现实问题的方法，更主要的目的是通过这样的方式，实现让问题的受困者自己发现解决问题的办法，让其感觉到“我也很聪明”，激起其工作的主动性。因为人有一种特性，即对自己发明或探寻到的解决事物的路径和方法，有着高于他人授教的路径和方法的行动兴趣。我们应尽可能多地启发人们自己发现问题、解决问题，以提升其工作的兴趣。通过发问来激起人的兴趣，由此变成一种信心，是发问工作法必须坚守的原则。

4. 规避尴尬

发问工作法，其过程的主旨是宽松、和谐、积极，形成此氛围需要规避责怪、指责的发生，更不能有“教主”“师者”的心态和行为。双方特别是导引者，要时刻提醒、检视自己，有没有使对方产生尴尬的语言或行为，发现苗头及时消除。同时，还要观察对方，用恰当的方式来导引其情绪，始终保持一种和谐、愉悦的气氛。

心理学家研究证实，人的思维、感觉和行为会相互影响。因此，在使用发问工作法时，控制情绪和平衡情绪非常重要。当思维被强烈的情绪触动时，人的思维能力会急剧下降。同理，如果我们着魔似地思考某一问题，其情绪会正面驱动我们的思维，使思维更加敏捷。一旦人被强烈的负面情绪驱动时，思维也会进入强烈的偏执状态，此时，很难将思维拖回到正常状态，想要得到预期的结果，就会变得非常渺茫。

5. 问答志于学

通过问答的方式来解决难题，是“问”的基本目的，还有一个重要目的，是在问与答中增长知识、开阔视野。不管是问者还是答者，都要树立学习的心态，发现对方的聪慧，用以丰富自我。

6. 切忌争论

争论产生的根源是两人或者多人由于价值观的差异，一方与其他人无法达到一个共同的认同点，而互相表达自己观点，企图说服某一方，以谋求观点统一的过程。适当的争论是有益的，但无节制，在不同心态下的争论，会压制人的智慧，增加相互间的隔阂，日久天长还会形成矛盾。发问工作法的原则是避免争论，它的工作形态是导引、启发。它要求导引者应清楚发问工作法的基本要求、方法，认真依规而行，严格控制自己的情绪，以确保自己能在平和的心态下，敏捷、准确地向困惑者提出问题，也要确保困惑者不受外部不良情绪的干扰，超常发挥、挖掘出自己的潜能。

发问工作法是领导方式的一种探索，它是以人为本管理思想的细节体现，是和谐工作的有益尝试，是困惑者通过对一个一个问题在导引者的启发下自我处理，实现培育、增强其信心，达成积极主动的最终目的。

下　篇

创造让员工积极主动的条件

如果想使庄稼取得丰收，就应研究庄稼的生长规律，对土地精耕细作，适时浇水施肥，创造适宜庄稼生长的环境和条件，用心去呵护，而不是去责骂庄稼长得太慢、结果太少，这是农夫理论。相对于企业，领导是农夫，员工是庄稼，目标是果实，企业则是土壤。领导者应有农夫心态，充分高效利用企业这片沃土，为员工创造符合其发芽、成长的环境条件，激发其茁壮成长，结出理想的果实。

第十章

造就激情向前的组织个性

每个人的一生中，都会有感动至深、刻骨铭心的记忆。对我来说，印象较深的是在旅途中与两名朝圣者的相遇。

为信念而出发，便忘却了劳累；为了一个梦想，他们执着、忘我。他们很平凡，但信念成了他们灵魂中永恒的太阳，给了他们战胜一切困难的力量，让他们的精神得到了升华，成为一个敢于向一切艰难险阻挑战的超人。

我感叹信念的力量，一旦在心间生成，便无需鼓动，更不用召唤，即聚集、迸射出巨大的能量，助人战胜一切困难，前进！前进！不停地前进！

出于对朝圣者虔诚的感悟，想到了一个问题：能不能把企业文化也打造成与此类似的信念，让企业的员工产生出类似于朝圣者那样坚定积极的虔诚呢？细细思考是可行的，因为人的信念不是凭空而生，它来自于外在植入，企业文化本身就是一种信念，只要领导者能提炼出具有共鸣性的价值理念，就一定能焕发出员工的工作激情。

以自己认为有效的方式，实现自己认为有价值的东西，即会产生持续而不竭的动力，这是人的天性。

第一节 企业文化是激励斗志的根本

企业文化是一种战略性经营资源，能激励斗志，启发潜能。但领导者推进企业文化建设，不能只知其然，而不知其所以然。否则，不但达不到激励员工积极工作的目的，还会适得其反、画蛇添足，浪费物力、人力与精力。领导者做好企业文化建设的前提必须明白：企业文化是什么，企业文化由何来、企业文化如何塑三个问题。

1. 企业文化是什么

日裔美国学者威廉·大内在《Z理论》中指出：“传统和气氛构成了一个公司的文化。同时，文化意味着一个公司的价值观，诸如进取、守成或灵活——这些价值观构成公司职工活动、意见和行为的规范。管理人员身体力行，把这些规范灌输给职工并代代相传。”

《追求卓越》一书中对企业文化的表述：“贯穿所有杰出公司的一个共同的特色，就是每家都有一个强劲有力的‘企业文化’——大家共同遵行的价值观念，也就是所有好的员工都心悦诚服接受的行事法则——一种‘我们公司就是这样做’的自豪的想法。”

美国学者约翰·科特和詹姆斯·赫斯克特在其合著的《企业文化与经营业绩》中认为企业文化是指：“一个企业中各个部门，至少是企业高层管理者们所共同拥有的那些企业价值观念和经营实践；是指企业中一个分部的各个职能部门或地处不同地理环境的部门所拥有的那种共同的文化现象。”

美国管理学家彼得·德鲁克认为，管理不只是一门科学，还是一门文化，有它自己的价值观、信仰和语言。

对企业文化概念的定义远不止这些。

我认为：企业文化即是企业的价值理念和精神的行为表现，是企业发展过程中长期形成的，并得到组织成员认同的，稳定的指导思想、经营哲学、道德规范、行为习性等。其主要内含可以概括如下：

地域、社会、民族习俗。企业是有地域性的，企业中的人也是有地域性的，每一个地域或民族都有独特的文化，如道德习惯、行为习惯、信仰等。企业身处其中，决定了企业文化必然也会含有当地的文化习俗，否则，企业的精神世界则会成为与当地习俗完全隔离的一个孤岛，这样的企业将很难生存。

地域政治。虽然很多企业都期望存在于无政治影响的环境，但这只是愿望，政治对企业经营的影响是不可能消除的。既然如此，企业文化中就很难排除政治因素。

主要领导者的个性特征。企业从创立那一天开始，也就走上了文化构建之路，其初期的文化是以主要领导者或经营者的人性特征为基础的。如海尔文化中的产业报国要素，它体现的是张瑞敏本身所具有的为他人、为国家负责的性格。有人说企业文化就是老板文化，虽有些偏见，但也不无道理。企业文化核心理念与系统的主要要素特征，必然是老板认同，并愿意践行的东西。我们很难理解一个与老板人生价值观相左的文化，能成为这家企业的文化。

目标与愿景。企业文化为企业发展服务的特性，注定其内涵要与企业所制定的目标愿景相一致，并体现出推动目标实现的要求。

全面与系统性。企业文化是渗透于企业经营管理各个方面，无孔不入的一种精神影响力。无论是企业中人的行为，还是管理的制度，包括与客户的关系、与员工的关系、与政府的关系都会体现出企业的文化特征。

团队价值取向。企业团队成员的价值观念，会影响企业文化的形成，进而将众多成员认同的部分转化成企业文化。可以说每个企业的文化，都是集体智慧的结晶，它有其主导者，但不是哪一个人的专利，具有群体的烘托性和集合性。

独特的组织个性。每个人都有自己独特的性格特征，企业也如同人一样，在创立之初其个性特点并不太明显。此时，它很像人的婴幼儿期；经过一个时期的发展，其个性特征逐渐显现出来，此时，它很像人的少年期；当企业组织架构完善，具有自己较成熟的产品和品牌，管理模式趋于成熟，此时，它很像人的青壮年期，性格特征基本形成。企业的价值观、经营理念、愿景使命，在创立之初大多数是不完整的，在经过发展基本形成后，也就成了一个具备完整组织性格的组织特征。世界上可以有生产同类产品的公司，但不会有同质化文化的企业。组织个性的独特性决定了其成员理念的独特性，行为习性的独特性、外在形象的独特性、思维方式的独特性。

另外，不同文化的公司其对外在形象的要求也是不同的，这也就形成了在外部形象上的差异，不同文化的公司其成员的行为方式也是不同的。

迪尔·肯尼迪在《企业文化》一书中把企业文化理论系统概述为5个要素：

（1）企业环境是指企业的性质、企业的愿景与目标、外部环境、社会形象、与外界的联系等方面。

（2）价值观是指企业内成员对某个事件或某种行为好与坏、善与恶、正确与错误、是否值得仿效的一致认识。价值观是企业文化的核心，统一的价值观使企业内成员在判断自己行为时具有统一的标准，并以此来选择自己的行为。

（3）英雄人物是指企业文化的核心人物或企业文化的人格化，其作用在于作为 ·种活的样板，给企业中其他员工提供可供仿效的榜样，对企业文化的形成和强化起着极为重要的作用。

（4）文化仪式是指企业内的各种表彰、奖励活动、聚会及文娱活动等，它可以把企业中发生的某些事情戏剧化和形象化，来生动地宣传和体现本企业的价值观，使人们通过这些生动活泼的活动来领会企业文化的内涵，使企业文化“寓教于乐”。

（5）文化网络是指非正式的信息传递渠道，主要是传播文化信息。它是由某种非正式的组织和人群所组成，它所传递出的信息往往能反映出职工的愿望和心态。

企业文化虽然兴起的时间不久，但内容博大精深，无法穷尽。

2. 企业文化由何来

企业文化伴随企业的设立而出现，它起初的轮廓应是企业创立者价值理念、经营思想、行为方式与市场共同价值观、行为规则、交易习惯、社会公德的结合体。

在企业发展过程中，企业成员的个人理念会经过建议或实践，影响到已有的企业文化。同时，新加入的成员也会带入一些新的理念、思想，这些理念和思想经过组织成员的认同过程，也会成为企业文化的新鲜血液，但它一般不会在短时间内撼动主体部分。另外，企业所在地域的政治、风俗、人文因素，也是企业文化来源的一部分，而且这部分内容是不可忽视的基础性内容。

没有文化缺失的企业，只有文化散乱的公司。每一个公司从建立的那一天开始，就存在着一个企业文化的核心体——创立公司的人。企业文化之根是企业创始人的价值理念，也就是说老板的人性特征是企业文化的基础。然而，它并不是说企业文化是完全的老板个性价值理念，对其形成过程的一种正确的理解应为：企业文化是以个体价值理念为基础，在社会、人文环境影响下，不断充实、完善、发展原有的个性特征价值理念，形成的内、外部心理需求所认同的，特有的价值理念体系。再一点，企业所处行业的特征，其他企业的行为也都是企业文化形成要素的来源。

3. 企业文化如何塑

企业文化的塑造或构建绝不是凭空而造，也不是推倒重来，它是对原有的文化进行分析、梳理、提炼，从而形成系统化的文化体系框架，并充实内容。企业文化存在于企业的方方面面，它不是一个独立的个体，而是渗透于企业的思维、行为、形象、制度、规则等之中。

如果我们把企业文化视为一个同心圆，那么最外一层是物质文化层，它是看得见、摸得着的，如企业的标识、形象等，是物质化了的企业文化；再内一层则是行为文化层，它是组织成员的具体行为表现，通过行为体现出了企业的文化，是行为习惯化的企业文化；再内一层则是制度文化层，企业的理念、价值观、经营思想，通过制度体现出来，这些文化的内涵渗透于制度当中，是制度化了的文化；最内层是精神层，它是企业的愿景、使命、经营哲学在组织成员内心中的体现，是信念化了的企业文化。企业文化存在于精神、制度、行为和物质四个层面，它是一个整体，不能割裂开来。

企业文化的形成路径：提出价值理念→内化并求得认同→形成共同信念→用制度进行外化→形成行为习惯。

企业文化不是口号，更不是花样的形式，它是行为化了的理念，其直接的体现形式就是制度，制度是文化的载体，文化是制度的灵魂。所以，企业文化的塑造关键是将梳理、提炼出的企业价值、经营理念植入制度、融入形象、贯入行为。

一方面，企业文化具有人的个性特征，具有独特性和系统性，同时，注定其也具有一定的可塑性；另一方面，企业文化是具有个性特征基础之上的集体特征，它集众多个体的个性特征于一体，是一种征得个体认同了的集体特征。这说明了一个问题，即不管是具有可塑性的个性特征，还是征得个体认同了的集体特征，都可以进行梳理与整合，形成高度集中认同、独特精炼、凝聚力强的企业文化，也只有如此，才能发挥其效能。否则，公司很难形成合力与坚强的战斗力。一个没有文化的企业是没有希望的企业；一个缺乏先进价值理念支撑的企业，更不可能基业长青。

第二节　企业文化就像“大力水手”

1929 年 1 月 17 日，漫画家埃尔兹·西格，创作了《顶箍剧院》。其中的形象人物大力水手一炮走红，风靡美国，影响到世界。漫画中，波比吃了“大力菜（菠菜）”而变得力大无穷，其喻意很像企业的文化建设。企业文化建设，不一定非要巨大的物质投入，有时仅仅需要的是提炼、梳理、整合，便能起事半功倍的效果。

企业文化的作用，可概括为三个方面：

（1）启发主动的激励作用。

（2）团结向心的凝聚作用。

（3）行为规范的约束作用。

1. 导向与激励

企业文化一旦由零散走向统一、集中，根植于组织成员心中，它就会像一个无形的指挥棒，导引组织成员自觉地按照组织的要求去做事，这就是企业文化起到的导向作用。

良好企业文化对组织成员的激励作用，源于其核心价值观不但体现着企业集体的愿望与诉求，也会将组织成员个体的愿望与诉求包含其中，这就是企业愿景与个人意愿的统一。员工为企业战略奋斗的过程，也是员工为自己人生成功的奋斗过程，正是这种能实现双赢的感觉，让员工自动自发地去遵从。激励能否起到作用，关键是被激励者是否明白或感觉到是在为自己而行动。

另外，良好的企业文化能促进和谐工作氛围的形成，这种环境会让员工享受到工作的愉悦。企业文化所营造的工作氛围和价值理念，能够调动与激发员工的积极性、主动性和创造性，能让人保持高昂的工作热情，从而把人的潜能诱发出来，提升工作效率。

2. 向心与凝聚

通过企业文化，将员工紧密地团结在一起，形成强大的向心力、凝聚力，达到万众一心、步调一致，实现企业战略目标的目的，远胜于单纯使用物质刺激的效果。向心力与凝聚力的形成需要具备三个条件：一是企业所制定的目标与战略，既符合企业的利益，又符合绝大多数员工的利益；二是当企业实现预期目标，得到既得利益时，作为员工也应得到与之相应的利益；三是企业文化所倡导的理念和行为，要同时符合企业与员工的心理需求和愿望。

企业文化向心力与凝聚力的外部体现是对人才的吸引力，对合作伙伴的吸引力，对产品使用者的吸引力。优秀的企业文化对稳定人才和吸引人才有着很大的作用。

3. 规范与约束

企业文化不单单是一系列的价值理念，其载体，如制度、流程、行为规范、经营原则等，都是企业文化的内容。它包括道德规范、行为规范、思维规范、职业规范，明确了员工在行为中哪些不该做、不能做。

明确企业文化的作用，目的是提示领导者知晓，梳理企业文化的出发点和落脚点，以使整合成的价值理念能真正起到激励的作用。

第三节　从理念到积极主动的行为

下面我们重点探讨领导者如何将散乱的文化进行整合、梳理，使其起到激发主动的作用。

1. 牢记于心的意识

企业文化不是追求短期效应，它的作用是潜在的、持续的、巨大的，构建过程也是漫长的。这一特性要求领导者必须树立坚定的信念，在头脑中时刻保持构建意识，并将这一意识渗透于企业管理、经营的方方面面，不能二心二意、朝三暮四，否则，必将前功尽弃、劳心费神、无果而终。

构建良好的企业文化，如同种植果树一样，需要培育的时间很长，需要修剪的工作很多，需要关注微小的细节，才能赢得“结果”与收获。正如麦当劳创始人雷·克洛克所说：“唯有坚韧不拔、坚定信心，才能无往而不胜。”领导者不能让自己的构建意识飘忽不定，要自始至终地将企业文化的轮廓展现于自己的脑海，将意识根植入自己的心中，并将其转化成行动。

2. 明确清晰的方向

成功的关键是选择，只有方向正确，努力才能得到预期的效果，否则，越是努力结果越糟糕。2010 年到一个公司去调研，经理向我叙说了他们在企业文化构建过程中走的一段弯路。开始，他们发动大家，讨论公司要建立什么样的文化，经过几个月的努力，最终选择了三句朗朗上口，颇具时代感的词语作为核心经营理念，还选择了愿景等一系列理论上企业文化所要求的要素。但是，几年过后，经费没少投入，形象设计没少搞，可企业文化似乎是个“四不像”，并没有起到大家想象的作用。如此的现象比比皆是，一些公司的领导者并不明白企业文化真正的内涵，只是一时的心血来潮就大搞企业文化，这难免会造成不良的后果。

我并不赞成公司一成立就搞成本大套的企业文化构建，虽然企业文化形成得越早越好，但一个公司刚刚成立就急于构建，并不能收到理想的效果。

企业文化需要积淀。企业创立之初，其经营思想、理念、行为习惯，体现的主要是创立者个体的，未经实践、检验的个体特征，还不具备集体性，也不一定能显现出优势。再者，没有一定的时间，企业文化的核心部分，其初步的模型都无法建立。此时，盲目成体系构建企业文化会费时费力，而收效甚微。

企业文化需要整合。企业是以主要经营者理念为主，以全体成员理念作为补充，经过认同，将团队成员理念与主要经营者理念相结合的产物。这种补充、认同、结合需要一定的时间，进行磨合、融合，才能形成。当然，即便是再优良的企业文化也不是完整的，也是需要长期的补充和完美。

选择构建企业文化的时机与方向，必须考虑四个问题：

第一，自己及自己的企业有没有一个概括的目标及发展方向。

第二，自己及自己的企业现在是否有了一个属于自己的、独特的经营理念、行为准则。

第三，我们的经营理念得到了市场的有效验证，是可行的，并得到了团队成员的认可。

第四，企业已经度过了生存危险期。

当我们能够明确而肯定地回答上面的四个问题后，企业文化也就到了构建期。此时，选择构建的方式、方法和方向更具科学性，成功率会增加，适用性与准确性也会更强。

3. 一丝不苟的努力

构建企业文化体系是一项持久、艰辛的工程，它不仅需要有矢志不渝的信念，明确清晰的目标方向，还需要一定的方法与艺术，更需要精益求精的工作信念，从大处着眼，从小事着手。

（1）营造从众场景。

美国作家詹姆斯·瑟伯有过对从众心理的精彩描述：突然，一个人跑了起来，也许是他猛然想起了与情人的约会，现在已经过时很久了。不管他想些什么，反正他在大街上跑了起来，向东跑去。另一个人也跑了起来，这可能是个兴致勃勃的报童。第三个人，一个有急事的胖胖的绅士，也小跑起来……十分钟之内，这条大街上所有的人都跑了起来。嘈杂的声音逐渐清晰了，可以听清“大堤”这个词。“决堤了！”这充满恐怖的声音，可能是电车上一位老妇人喊的，或许是一个交通警说的，也可能是一个男孩子说的。没有人知道是谁说的，也没有人知道真正发生了什么事。但是两千多人都突然奔逃起来。“向东！”人群喊叫了起来。东边远离大河，东边安全。“向东去！向东去！”从众行为在工作中、生活中、学习中都有所表现。

从众效应是一种普遍的社会心理现象，其本身并无好坏之分，引导正确可以产生积极的从众正效应，反之则会产生消极的从众负效应。积极的从众效应可以互相激励情绪，引发组织成员的群体从众，有利于企业所倡导的理念、行为的形成；消极的从众效应，会削弱人的斗志，打击他人的积极行为，为组织带来负面影响。

人的从众行为可分成三种表现形式：

一是从内心深处的接受、服从，可谓口服心服。

二是出于某种压力而不得不服从，可谓口服心不服。

三是随意跟从，没有心理上的服从与不服从，只是随大流。

了解人的从众心理效应，对构建企业文化有着重要的意义，它可以帮助我们更加有针对性地改善工作方法，提高工作效率。如我们可以在构建过程中采取“涟漪工作法”，即先把公司确定的文化理念，在团队核心层取得认同，并要求其在实际行动中体现。基本实现预期后，再推向外层的一圈传播，如此一圈圈地扩展开来，组织中的成员看到领导层的动作，也会学着跟从，久而久之，层层推进，企业文化稳步形成。

（2）宽容的摧毁力。

从 18 世纪末到 19 世纪末的经验管理，再到 20 世纪 20 年代至 40 年代的科学管理，再到 20 世纪 50 年代兴起的现代管理，管理发展经历三个阶段。在进入 21 世纪后，管理已经以文化管理为主，多种管理方式并存。当今，经济和文化的一体化已经成为一种趋势。2001 年年初，美国福氏咨询公司发布了对《财富》500 强评选的总结报告，指出：“公司出类拔萃的关键在于文化。”企业文化已不再是一种理论，更不能单纯地说是一种精神，它已经成为名副其实的管理工具和方法。

企业文化是以人为本的文化，基于此，一些领导者在观念上出现了偏差，认为既然企业文化是以人为本，那么管理中就应时刻体现以人为本的精神。对于组织成员工作中出现的一些小问题、犯的一点小错误就应该有宽宏大度的胸怀，不必过多计较，只要管好大的问题、避免严重错误就可以了。乍看还说得过去，仔细分析却是十分不可取。

首先，它是对人本文化的一种曲解。在企业管理体系中，人本文化来自于“人本主义”，它针对的是“资本主义”或以物为主的思想观点。以人为本是一种价值观，它揭示了在企业经营管理中什么最根本、什么最重要、什么最值得关注，是对组织管理本质的更深层的认识。以人为本的管理，其本质是尊重人，充分发挥人的主观能动性，从而创造出更大价值，做出更多贡献，但绝不是对小错误、小问题的宽容、放纵。

其次，放纵细小问题，是良好习惯养成的天敌。企业文化的构建中，有众多的工作是从小事上进行规范。否则，只在大事上较真，不可能构建起良好的企业文化，“千里之堤，溃于蚁穴”“勿以恶小而为之，勿以善小而不为”。我们必须树立起防微杜渐的意识，从小事做起，从小处着眼，才能打牢企业文化的基础。

1969 年，美国斯坦福大学心理学家菲利普·津巴多（Philip Zimbardo）进行一项实验。他找来两辆一模一样的汽车，把其中的一辆停在加州帕洛阿尔托的中产阶级社区，而另一辆停在相对杂乱的纽约布朗克斯区。停在布朗克斯的那辆，他把车牌摘掉，把顶棚打开，结果当天就被偷走了。而放在帕洛阿尔托的那一辆，一个星期也无人理睬。后来，津巴多用锤子把那辆车的玻璃敲了个大洞。结果，仅仅过了几个小时，它就不见了。这项实验给了美国政治学家威尔逊和犯罪学家凯琳很大的启发，他们合著了一篇题为《Broken Windows》的文章，并刊于 1982 年 3 月版的《The Atlantic Monthly》上。在文章中，他们首次提出了“破窗效应”理论，认为：如果有人打坏了一幢建筑物的窗户玻璃，而这扇窗户又得不到及时的维修，别人就可能受到某些示范性的纵容去打烂更多的窗户。久而久之，这些破窗户就给人造成一种无序的感觉，结果在这种公众麻木不仁的氛围中，犯罪就会滋生、猖獗。对于人的心理，“第一扇破窗”是事件的隐形推波助澜之手，它给了人暗示：这里有人做出过此事，可能没有惩罚，也没有人阻止。出于这种暗示，人们会试着去做，更多的人会跟着去做，最后形成一种习惯性的潮流与非正式的规则。

美国有一家公司，规模虽然不大，但以极少开除员工而著称。有一天，资深车工杰瑞在切割台上工作了一会儿，就把切割刀前的防护挡板卸下放在一旁。没有防护挡板，虽然埋下了安全隐患，但收取加工零件会更方便、快捷一些，这样杰瑞就可以赶在中午休息之前完成2/3的零件。不巧的是，杰瑞的举动被无意间走进车间巡视的主管逮了个正着。主管雷霆大怒，令他立即将防护板装上，之后又站在那里大声训斥了半天，并声称要作废杰瑞一整天的工作。第二天一上班，杰瑞就被通知去见老板。老板说：“身为老员工，你应该比任何人都明白安全对于公司意味着什么。你今天少完成了零件，少实现了利润，公司可以换个人换个时间把它们补上，可你一旦发生事故、失去健康乃至生命，那是公司永远都补偿不起的……”

离开公司那天，杰瑞流泪了，工作了几年时间，杰瑞有过风光，也有过不尽如人意的地方，但公司从没有人对他说不行。可这一次不同，杰瑞知道，这次碰到的是公司灵魂的东西。

不良行为及观念的存在，会向周边的人传递一种信息，这种信息会导致不良现象的无限蔓延，最终形成法不责众的心理定式。领导者必须高度警觉那些看起来是偶然的、个别的、轻微的“问题”，以阻止破窗效应的出现，防范更多的人去打烂更多的“窗户玻璃”。构建企业文化，必须对小事敏感。只要是对良好文化形成有影响的事，不管多小，不管谁做，都要坚决及时地进行制止，并做出相应的处理，以警示后人。

4. 持续的宣灌

一方面，企业文化是一种组织信念、价值观、行为特征、规范，从字面上看很抽象，在理解上又需要一定的深度和悟性。另一方面，企业文化的构建没有结尾，只有过程，是一个需要持续进行的工作。从这两点上看，对企业文化的宣灌是构建的前提，没有宣灌就不可能有落地。

宣灌即宣传、灌输，兼有宣贯（宣传、贯彻）的含义。企业文化建设及宣贯，是一个潜移默化、循序渐进的过程，没有阶段性，不能当成一种时髦、潮流，不能盲目跟风，或者当成一种运动，需要持续性宣灌，这是人脑记忆的规律，也是养成习惯的条件。宣灌是一种沟通，它能起到增进认同的作用；宣灌不单纯是说给别人听，让别人听懂你所说，还要将其核心精神渗透于各项活动之中、制度规章之中、言谈举止之中，使组织的每一个成员都能感到文化的存在，受到文化的渲染，夯实其理念根基，从而指导和影响其观念与行为。只有这样，以企业价值观为核心的文化体系才能根植于企业之中，根植于组织成员心间。

5. 用制度去承载

企业文化需要一种载体，才能起到作用。能作为其载体的媒介要素很多，如宣传板、广告、报纸、局域网、人的口传与行为等，但用得最多、效果最好的还是制度、流程。

制度与文化如同绑在一条绳上的两只蚂蚱，有你必有我，有我必有你；它还类似于酒中的水和酒精，我中有你，你中也有我，谁也离不开谁，没有了水就只能叫酒精而不能称其为酒，当然，没有了酒精也只能称其为水。在企业中，讨论是先有的文化还是先有的制度，就如同讨论是先有鸡还是先有蛋一样。

以公司的考勤制度为例，一般的考勤制度都会规定上下班的时间、每月出勤的天数、请销假的流程，还有违反后的处罚措施等。从表面上看，它是为了规范化管理，提高工作效率；它内涵中却植入了令行禁止，遵章守纪的文化理念。因此，构建企业文化，不管制定何种制度都要仔细斟酌，考虑好两个问题：一是其内涵的文化理念是否与公司所倡导的文化理念有冲突，如果有冲突，就要坚决修改；二是制度中有没有体现公司文化的内涵，如果没有应设计植入，以确保公司制度与公司文化的完美结合。

6. 用形去烘托

形式是内容的表现，没有形式就没有内容，能为企业带来利益的文化形式是必要的。在发达国家，企业形象设计是一个热门行业，20 世纪 50 年代中期，美国 IBM 公司设计顾问提出“透过一些设计来传达 IBM 的优点和特点，并使公司的设计在应用统一化”的倡导，首先进行了企业形象设计。20 世纪 60 年代后，美国的部分大中型企业将完整树立和代表形象的具体要素作为一种企业经营战略而推行；20 世纪 70 年代企业形象设计理论引入日本；20 世纪 80 年代中国南方的一些企业开始推行，收到了很好的效果。

企业形象是企业文化的重要组成部分，是企业的一项重要无形资产。它虽然不一定能马上给企业带来经济效益，但它能创造良好的社会效益，获得社会的认同感，最终会收到由社会效益转化来的经济效益。良好的企业文化形象能赢得更多客户的信任，能弥补一些过失带给消费者的创伤。未来的企业竞争不仅仅是产品品质、品种之争，还是企业形象之争。有长远眼光的企业，无不重视企业的形成培育与设计。

对于企业，一旦核心理念这一企业文化的关键要素形成，就要进行形式上的设计，以尽早展现给组织的每一个成员、展现给社会。

如果我们把公司比作一个人，那么，文化即是人的个性，如同世界上没有两个个性相同的人一样，世界上也绝对没有两个文化相同的公司，概括来讲这就是组织个性。正是这种独特的个性特征，形成了不同的动力源。构建企业文化根本的目的是描绘组织的希望，张扬组织成员认同的组织个性，激励组织成员的斗志，启发组织成员的主动性和创造性，为企业的长期发展奋斗。构建企业文化不但是企业健康发展的需要，也是领导者启发组织成员积极形态的重要方法和工具。

第十一章

使积极成为习惯

领导就是带领组织成员实现预期任务或目标。领，是一个形声字，由令和页两个部首组成。令，“令”意为“支配”“役使”；“页”指人头。“页”与“令”联合起来表示，“人头通过脖子支配身体”。《新华字典》的字义解释：带、引、率的意思。再来看一下，导的意思是：指引、带领、传引、传向、启发、引诱、导演。其本义为：以手牵引，引导、向导，引路人。领导的本意是带领，引导，启发，引诱；无论是思考问题，还是处理问题的行动，领导者必须走在众人的前方，同时，还要帮助、诱导、启发部属心甘情愿地跟随其行动。保持组织持续发展的动力，领导者应养成影响众人的习惯，组织的成员亦应养成主动跟随的习惯。

第一节 领导者应当养成什么样的习惯

美国管理学家，史蒂芬·柯维先生的《高效能人士的七个习惯》一书影响了众多人，他详述了成功者应养成的七个习惯，引起了人们对习惯养成的重视。作为一名领导者，应养成什么样的习惯，才会适应自己的工作呢？

领导者的习惯应有两个部分：一部分是撇开领导身份，对自我成长进步有影响，其他个体也能适用的通用性习惯；另一部分则是完全以领导者身份为基准的习惯。领导者的习惯不能单纯地考虑修炼自我独立的行为，更应该考虑能否在提升自我的同时，影响带动他人的心态和行为，这才是领导者习惯的真谛。

1. 事前谋划的习惯

唐代文学家刘禹锡说："计熟事定，举必有功。"意思是说：计划成熟，诸事安排稳妥，然后采取行动，一定能获得成功。这是对人在做事之前，必须进行谋划的精辟论述。凡事预则立，不预则废。对此庄子也有同感："谋无主则困，事无备则废。"对于企业，计划应排于各职能之首，它是做事的前提。

山田本一是日本著名的马拉松运动员，他曾在 1984 年和 1987 年的国际马拉松比赛中，两次夺得世界冠军。记者问他凭什么取得如此惊人的成绩，山田本一总是回答："凭智慧战胜对手！"人们都知道，马拉松比赛主要是运动员体力和耐力的较量，对山田本一的回答，许多人觉得他是在故弄玄虚。10 年之后，这个谜底被揭开了。山田本一在自传中这样写道："每次比赛之前，我都要乘车把比赛的路线仔细地看一遍，并把沿途比较醒目的标志画下来，比如第一标志是银行、第二标志是一个古怪的大树、第三标志是一座高楼……这样一直画到赛程结束。比赛开始后，我就以百米的速度奋力地向第一个目标冲去，到达第一个目标后，我又以同样的速度向第二个目标冲去。40 多公里的赛程，被我分解成几个小目标，跑起来就轻松多了。开始我把目标定在终点线的旗帜上，结果当我跑十几公里的时候就疲惫不堪了，因为我被前面那段遥远的路吓到了。"

可以说，极少有人做事没有谋划，但是能把事前的谋划做到位的人也并不多，人们把缺少计划的行为称为"拍脑门”。领导者养成事前谋划的习惯，这不但有利于事情的成功，更是让部属感觉到按你的安排做事会有条不紊、省时省力。同时，领导者事前谋划的习惯也会影响部属习惯的形成。

2. 以身作则的习惯

这是一个老生常谈的话题，但能深刻理解其内涵，又能形成习惯的领导者，则并不多见。通常人们对以身作则的理解是吃苦的事走在前，困难的事抢在前，用自己的行动来影响、带动部属。可是有一种作用容易被人们忽略，那就是培育积极主动习惯行为上的以身作则。对待上级布置的工作不推脱，对待部属遇到的困难不袖手，只要看到、只要意识到，就毫不迟疑地伸出手，这就是以身作则的另一种体现。要坚决克服“我推掉了一次让部属受累的工作”，会赢得部属爱戴的思想，这样做有时确实能得到部分人的喜欢，但我们想没想到，部属也学会了用这种方式来对待你布置的工作。

3. 肯定积极的习惯

人最大的敌人是自己的信心，没有信心就没有勇气，更不会有成功。那么，信心来自何方呢？信心除了自我的因素外，就是外界的肯定，特别是领导的肯定。

在韩国一个大型公司的清洁工，这个最易被忽视、最不起眼的小角色，却在一天晚上公司保险箱被窃时，与小偷进行了殊死搏斗，保护了公司财产。事后，有人问他的动机时，他说：“每次公司的总经理从我身旁经过时，总会说一声‘你扫的地真干净’。”一句简单的肯定，就使这个员工受到了感动。美国著名女企业家玛丽凯经理说：“世界上有两件东西比金钱和性更被人们所需——认可与赞美。”

美国作家马克·吐温有一句名言：“只凭一句赞美的话我就可以充实地活上两个月。”自领导口中出现的肯定，不单单是欣赏，还是对工作的认可。肯定别人，是一种气度、一种发现、一种理解、一种智慧、一种境界。人不愿意被改变，如果我们从他们的表现中找到需要的部分，进行肯定或赞美，那么他们就会朝我们期望的方向改变。养成肯定的习惯，不但使被肯定者拥有工作的动力，还会得到其对你的尊重，同时，还会有一份令你惊叹的聪明才智，奉献于你的面前。领导者肯定下属，下属也会学着肯定他的下属，层层传递能使肯定所调动的能量进行持续地发酵。

4. 挑战困难的习惯

面对困难，不退却、矢志不渝、坚韧不拔，它体现的不仅是勇气和精神，从领导者的角度，还体现着一种影响力。

领导是站在团队前列的人，是带领团队前进的领路人，它不仅需要用智慧领导大家走向成功、走向辉煌，还需要传导给大家一种精神、一种习惯，那就是面对困难勇于挑战。中国有句俗语：“兵熊熊一个，将熊一窝。”如果领导者面对困难唯唯诺诺、怨声载道，就会大大削弱部属战胜困难的信心和勇气，不但带不出一个坚强的战斗集体，还会带坏每一个人。电视剧《亮剑》主人公李云龙给人们留下了深刻的印象，我们来欣赏一下他的几句话。

（1）都说敌人拼刺刀有两下子，我就不信这个邪，都是两个肩膀扛一个脑袋，敌人是人养的、肉长的，大刀进去也要穿个窟窿。就算是见了阎王爷，我也能撸它几根胡子下来！

（2）我估摸着城门楼子是块难啃的骨头，我就是崩了门牙，也要在敌人的增援部队赶到前咬开它！

（3）什么精锐，我打的就是精锐。

（4）没有助攻，全是主攻，现在我们的兵力是八比一，这种富裕仗我八辈子也没打过，这会咱们敞开了当回地主。三营长，你嘴别咧的跟荷花似的，助攻改主攻，我一不给添人，二不给添枪，一字之变，要给我变出杀气来，要打出个精神头来。

（5）我就不把这次突围当成突围，当成什么？当成进攻，向敌人进攻！

（6）我要死也要死的像个爷们儿，我不能这样窝窝囊囊的死了，要死也要死在冲锋的路上。

（7）什么武士道，我打的就是武士道！

（8）我们是野狼团，吃敌人的肉，还要嚼碎他的骨头！

（9）古代剑客们在与对手狭路相逢时，无论对手有多么强大，就算对方是天下第一剑客，明知不敌，也要亮出自己的宝剑，即使倒在对手的剑下，也虽败犹荣，这就是亮剑精神。

……

他的话语有些粗，但体现了不畏艰险、勇往直前的挑战精神。一个领导就是一个团队的主心骨，也是这个集体的精神所在，正如李云龙所说："事实证明，一支具有优良传统的部队，往往具有培养英雄的土壤。英雄或优秀军人的出现，往往是由集体形式出现，而不是由个体形式出现。理由很简单，他们受到同样传统的影响，养成了同样的性格和气质，任何一支部队都有自己的传统，传统是什么？传统是一种性格、是一种气质，这种传统和性格，是由这支部队组建时首任军事首长的性格和气质决定的，他给这支部队注入了灵魂，从此，不管岁月流失、人员更迭，这支部队灵魂永在。"作为一个组织的领导者，当我们担当起这个角色时，要给这个组织留下什么精神取决于自己。领导者的习惯决定着组织的习惯、挑战问题的习惯，领导者的习惯是一个保持组织基业长青的重要习惯。

5. 不断改善的习惯

改善是组织发展的基础，是提升效率、降低成本最经济、最有效的手段。领导者应牢固树立改善意识，形成常态化的习惯，并影响、教育部属养成事事谋求改善的思维习惯。养成追求更好、不断改善的习惯是员工主动性的源泉动力。

日本管理学家今井正明认为，企业最常用的管理活动是维护与改良。改良是对改善与创新的概括，指的是改进现有规范的活动；维护指的是维持现有技术、管理与作业规范的活动。对此，作为领导的管理者，必须完成好两项任务，即确保组织成员能够遵守规范的作业程序；不断地进行改善，以获取更高效的工作成果。改善不是大投入，不需要花太多钱，它是每天都要进行的、持久的一种心态，没有终点。今井正明强调："很多人认为改善是底层工作人员的事情，只要遵循管理标准和工具就能够改善，但改善实际上是一种意识，就像天花病，自己不得就无法传染别人。"日本企业超越西方企业的根本经验是"逐渐改变"的习惯养成。

让改善成为自己的习惯，事事谋求改进，不断提升效率。把改善培育成部属的习惯，形成组织内良好的改善氛围，是组织稳步发展的重要方法。

6. 持续更新的习惯

持续更新即不断学习、与时俱进，它体现的主要是人的个体习惯。古人云："近朱者赤，近墨者黑。"部属对领导者的关注度远远高于其他人员，所以，领导者的行为更容易成为部属的效仿榜样。

持续更新是一种精神，也是一种态度，不管是领导者还是普通人，要想提升自己的素质、增加自己的价值，都要有这种精神和态度。然而，如果一个单位的领导者是一个不爱学习、不求上进之人，部属也会受到感染，形成集体的厌学恶习，久而久之，则会慢慢地影响群体的进取心。

7. 助人成就的习惯

当今是一个合作的时代，一个优秀的组织必然是一个团结协作意识非常强的集体，一个懒散、涣散的组织不可能有强的战斗力。要建设一个强有力的战斗集体，关键是领导者。领导者要有团队意识，并把这种意识通过自己的行动表现出来，长此以往，进而形成一种习惯——助人成就，即形成一个帮助他人成长进步，为他人排忧解难的习惯。当一个领导者具备了这种助人成就的习惯时，他会时刻关注组织成员的合作意识和个体互助情况，及时修补成员合作关系裂痕，并以身作则，给大家做出榜样。

8. 敢于担当的习惯

敢于担当是一个人的基本品德，是领导必须养成的习性。简单地说，担当就是承担并负起应负的责任，是人在职责和角色需要时，能毫不犹豫挺身而出，履行自己的义务，担起自己的责任。担当不仅是一种习惯，还体现着一种精神，透露一种诚实，它能赢得信任与支持。因为与具备这种习性的人一起工作，人们更有信心。

9. 清晰确认的习惯

不管是接受上级授予的任务，还是给下级布置工作，都要养成一个习惯，那就是对事情的清晰确认。给部属讲清楚任务是什么、要求是什么、标准是什么、时限是什么等，每一个条件在讲述完后，要问一下对方是否听明白、听清楚了，只有得到明确的认可，才算交待完成。接受上级任务，同样也应问自己是否清楚并明确确认，这是完成任务的前提。

领导的习惯能传导、影响部属的行为，是保证实现领导职能的软性工具。发挥领导习惯对部属的引导作用，需要领导者在修炼自我行为习惯时常问自己一个问题：我的习惯养成是他人喜欢和需要，且对组织目标实现有益的吗？如此，我们也学会了用影响力，促使部属积极主动习惯的养成。

第二节　培育员工习惯该从哪里入手

习惯从形成的角度讲有两类：一类是自主性习惯，它的形成动力源是个体因自身需要的刺激，经过不同方式的实践，而形成的自我认可的行为模式，如吃大米饭是用筷子还是用勺子，不同的人有不同的选择；另一类，被动性习惯，它的形成动力源是任务需要，或第三方的强制要求，自我由不适应或抵制到认可而形成的行为模式。

1. 习惯的形成

习惯来自于后天的养成，在家受父母及亲人的影响，在学校受同学、老师的影响，走向工作岗位受领导、同事的影响。工作习惯的养成与领导者有着密不可分的关系，因此，领导者不但要带领部属完成好既定的工作任务，还有一项重要工作，即是培育部属良好的处事习惯、工作习惯、思维习惯。这类习惯对促进员工工作主动性、提升工作效率，有着十分重要的作用。

习惯形成的一般过程如图 11－1 所示。

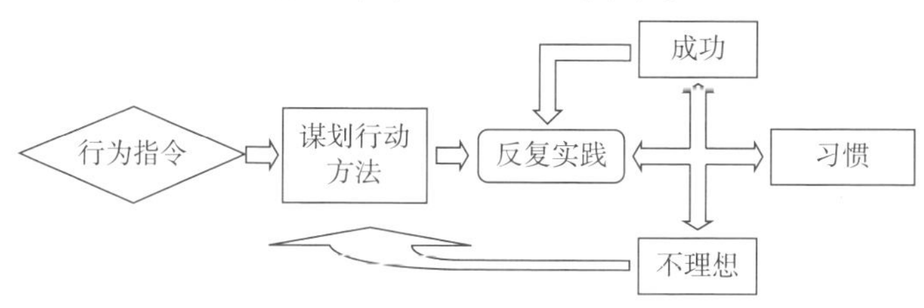

图 11－1　习惯形成的一般过程

习惯是一种行为模式，首先是接受自我或外界给大脑的行为指令，经过思维确定行为的方式或方法，然后进行具体的思维或操作实践。如果操作达到了预期或要求的结果，它会形成一个初步的行为模式，再经过几次的实践、完善后即可形成习惯；如果实践失败或没有得到理想的效果，它会反馈回大脑再次进行方式方法的思考或谋划，再将方法输送到实践程序，直至达到理想的效果，最后形成习惯。

习惯具有相对稳定性，习惯一旦形成，它会对人的行为产生较长时间的影响，甚至是影响一生，“江山易改，秉性难移”就含有习惯的成分。

习惯具有相对可塑性，习惯形成后并不都是一成不变的。它也会在特定的条件下，发生部分或完全性的改变。

美国成功学大师卡耐基小时候是一个大家都认为有很多坏习惯的淘气男孩，他 9 岁的时候，父亲把继母娶进了家门。见面时他父亲向继母介绍了卡耐基，说：“亲爱的，希望你注意这个全郡最坏的男孩，他可让我头疼死了，说不定会在明天早晨以前就拿石头扔向你，或者做出别的什么坏事，总之让你防不胜防。”出乎卡耐基意料，继母微笑着走到他面前，托起他的头和蔼地注视了一会儿，转过头看着丈夫说：“你错了，他不是全郡最坏的男孩，而是最聪明但还没有找到发泄热忱的地方的男孩。”继母的话让卡耐基非常感动，眼泪夺眶而出，他暗下决心，一定要改掉坏习惯，成为一个好孩子。从此，他发奋学习，创造了成功的 28 项黄金法则，帮助千千万万的普通人走上成功和致富的光明大道。

习惯的可塑性包含两层含义：一是对已经养成的习惯进行改善；二是培育新的习惯。

习惯的可塑性给予了领导者培育员工良好工作习惯的空间，这是一个很好的机会，特别是对新入职的员工，我们要注意观察其行为特点，抓住一切可能与机会，去培养有益于工作积极性、主动性的行为习惯。

2. 领导者要关注哪些习惯

对于组织的领导者，培育部属习惯的关注点应以思维习惯和行为习惯为主要目标。当然，能全面培育更好，但我们不会有如此充足的精力，也不是我们的主体工作，所以只能有所侧重。

思维习惯是指一个人对遇到的问题，所倾向或偏爱的一种分析、推理、判断、决策方式或方法。思维习惯决定着人的行为，左右着做事的方式和方法。如果一个人的思维习惯偏向于从负面角度进行思考，遇到问题，不管是好事情还是坏事情，总是先考虑最坏的结果。反之，乐观的人不管处境多么糟糕，他总能看到积极的一面，会先从最好的结果考虑。

有一个小笑话：一个公司老板新招了一个司机，晚上老板带司机开车到外地办业务，走了一会儿，他想告诉司机一条近路，于是就从后面拍司机的肩膀。没想到司机大叫一声“啊”，刹住车，开门就跑，老板也跑下车，追上司机，问："你这是干什么呀?"司机定了定神，说："对不起，我原来一直是开灵车的。"

行为习惯是人对事情在具体行动或操作上的表现模式，或行动程序上的先后顺序模式。如有的人见到别人的第一个动作会是微笑，有的人的第一个动作是先拍一下对方的肩膀。有的人接受任务后，首先做的一个动作是找操作规程，或询问他人做的方法，而有的人则是直接动手等。

有一个在公交公司工作的女汽车售票员，一天和丈夫一起回家，她一进门随手就把门关上了，丈夫在外面很着急，一边敲门一边喊："开门！开门！我还没进去呢，真是的！"妻子顺口说："吵啥，吵啥？坐下一趟吧！"

生活习惯是指人在平常事情上的行为表现模式，如有的人见人后会施点头礼，有的人则施握手礼，还有的人会在举起手的同时打招呼。秩序性也是日常习惯的重要内容，有的人很有秩序意识，用完东西后会在哪儿拿，在哪儿放，而有的人则随意乱放……

关注员工习惯的养成，领导者应把握一个原则，关注那些对工作有较大影响的习惯。要坚决克服我看不惯的就要管的思想意识，因为你看不惯的不一定是错误的。

3. 组织习惯

组织习惯是一个组织特有的、自动化的集体行为模式，是企业愿景、价值理念、经营哲学的具体行为化，是区分一个企业其文化是否形成、是优是劣的重要标志。

近年来，以狼的习性为标杆的组织习惯培育大为流行。狼的生活特性是群居，这一特性类似于我们的团队，每一只狼都要为群体的繁荣与发展承担相应的责任。狼完成大的捕食活动需要群体协作，依靠团体的力量去完成，狼与狼之间的默契配合的程度，决定着其行动的失败与成功。狼为实现目标有足够的耐心，它们可以为一个目标耗费相当长的时间，但会毫不厌烦；狼具有敏锐的观察力，它能发现目标的薄弱环节，从而找到攻击的突破口；狼非常执着，对成功坚定不移，并做出最大的努力，甚至是献出生命。在动物界中，狼并不是最强悍的动物，但狼群的团队习性保障了其生存。基于此，很多公司开始打造组织的狼性。

组织的行为习惯体现在很多方面，如制度体系、形象标识、作业流程、成员的行为模式，包括组织中人员的言行举止的共同特征等。因为组织习惯与企业文化联系紧密，所以，我们在此只是提及，并不想做更为详细的探讨，在后面的文化场景构建中会深入分析，以得到深层次的理解。

积极的习惯是最高效的激励手段，是最廉价的激励方法，领导者应学会发现、设计积极习惯，懂得培育积极习惯的方式和方法，注重自己习惯的养成，注重部属习惯的养成，注重组织集体习惯的养成。我们用原 GE 公司 CEO 杰克·韦尔奇先生的话结束我们的讨论："在你成为领导以前，成功只同自己的成长有关；当你成为领导以后，成功都同别人的成长有关；只有被领导者成功，领导者才能成功。"培育出具有积极习惯的部属，我们及我们的企业就走上了蓬勃发展之路。

第三节　如何培育员工的习惯

成功是一种习惯，失败也是因习惯所致。人生中，90%的行为是属于习惯性行为，几乎在每一天，所做的大多的事情都是习惯使然。改变做事的习惯能提高工作的效率，改变思维的习惯能增加成功的路径。坏习惯一定会收获恶果，好习惯一定会收获成果。领导者要以身示法，要当好部属的老师。

1. 求得认同

培育良好习惯的最有效方法是求得认同，人的心理习性是喜欢做自己认同的事情。在实施每一个习惯的培育之前，领导者要问自己这样一个问题：习惯培育对象对此行为的反应是什么？如果还没有达成完全或大多数的共识，说明还存在着思想上的障碍，那么先做的工作就是要找到这些障碍并清除。

2. 反复固化

一个习惯的培养需要经过长期、反复地坚持，最后才能成为一个不易抛弃的真正的习惯。当我们成功地建立起一个习惯后，就会对培育习惯有了方法和信心，今后再培育新的习惯就变得越来越容易。

3. 鼓励尝试

有一名军官带领一群士兵到野外训练，军官看到路上有很多的石块，于是，军官命令士兵清除。士兵们费了九牛二虎之力清除了小一些的石块，但几个大石块没有一个人去搬。军官问甲士兵：“你为什么不去搬那一块大石头呢?”甲士兵：“我感觉不可能搬动它。”军官又去问乙士兵，得到与甲士兵相同的回答，再去问丙士兵，还是得到了同样的回答。军官把士兵们召集到大块石头旁边，问大家：“谁能把它搬走?”一群人都摇起了头。军官说：“我来搬给大家看。”只见他用铁锹在大石头旁边挖了起来，一会就挖了一个与大石头大小相仿的坑，他站在大石头的另一边用力一推，大石头滚进了坑里，他又把刚才挖出的土回填到坑里，路平了。军官看了看大家说：“我们总是喜欢用自己习惯了的思维方式去考虑问题，认为自己没有那么大力气，就搬不动需要相同力气的东西，但只要换一种思考的习惯，就会得出不同的结果。”

使用过去的行为，只能得到过去的结果。要提高工作效率，必须鼓励探索、尝试新的方式方法。探索新方式思想本身就是一种行为习惯，同时，新的行为方法也是一种新的习惯。领导者要善于引导、支持部属进行此类尝试，有时还要为这种尝试造成的不良后果承担责任，以保持部属探索的积极性。

4. 规范引导

在职业生活中，大多数工作都可以形成习惯化的做法。日本企业在1955年以前，生产现场的脏、乱、差现象非常普遍；1955年，为保证作业空间和安全，日本企业首先提出2S“安全始于整理整顿，终于整理整顿”。这一措施收到了很好的效果，于是又提出了3S，即“清扫、清洁、素养”。最后，1986年日本关于5S的著作问世，改变了以往传统的现场管理模式，并由此掀起了工厂管理5S模式的热潮。5S现场管理模式的运行，不但彻底改变了脏、乱、差的局面，而且极大地推动了生产效率的提升，降低了成本、减少了事故。

5. 树立榜样

榜样的力量是巨大的。大到国家，小到家庭，如果我们想把某种思想或行为传导给别人，最好的办法是树立榜样。法国作家卢梭说过：“榜样！榜样！没有榜样，你永远不能成功地教给儿童任何东西。”榜样是一种无声的影响力；榜样是一面自发舞动的旗帜，鼓舞斗志；榜样是一座自铸的灯塔，指引方向。培育有助于组织发展的员工职业习惯，同样离不开榜样的示范与引导。

春秋战国时期，楚国有一个相命师很会算命，凡被他相过的，都认为奇准无比。楚庄公知道了，十分好奇，便派人请他来宫中，问他是如何为人算命的。相命师毫不保留地透露他算命的秘诀：“我为人看相，并不是观察个人，而是先看他的朋友。”“这是为什么呢？”楚庄公不解地问。

“如果一个老百姓，他的朋友全都是品行端正、积极进取的人，他日后也必然事业发达。对于当官的人，如果他的朋友都是真诚坦率的君子，他自己也必定前途似锦。对帝王来说，如果他的臣子都是贤臣忠士，并能直言进谏，那么这个国家一定可以日益昌盛。当我朝这些方向去解析时，自然是十拿九稳。”楚庄公听了频频点头，不断称是。

跟什么人在一起，就会感染到和那个人一样的东西。晋朝大臣傅玄品学兼优，为人正派，很受皇帝敬重，于是被请来做太子的老师。皇帝请求他不仅教太子如何做学问，更重要的是教太子如何做人，将来如何做个好皇帝。当他发现太子经常与一些不求上进、溜须拍马的人在一起时，立即对太子提出了“近朱者赤，近墨者黑；声和则响清，形正则影直”的警告。一个人生活在好的环境里会受到好的影响，生活在坏的环境里会受到坏的影响，强调环境对人的影响。

领导者要实现培育习惯的目标，必须树立良好习惯养成的榜样。群体成员有两种效仿的榜样：一种是公众有影响的人物，在组织中最直接的就是领导者，这也是我们在培育习惯中，拿出很大的篇幅讨论领导者习惯养成问题的原因。明星类人物，很多企业之所以用明星做广告或代言人，根本用意就利用其带动和影响作用。另一种是身边的普通人，他们虽然影响的范围不如明星大，但影响力不可小视，更有亲近感。领导者要充分利用这两种影响力量，一方面自己做出表率，正如罗曼·罗兰所说：“要撒播阳光到别人心中，总得自己心中有阳光。”用自己的行动来代替说教。另一方面积极培养和发现员工中的典型，大力宣传，提升影响力。

6. 排除陋习

苏联著名作家奥斯特洛夫斯基说：“人应该支配习惯，而绝不能让习惯支配人，一个人不能去掉他的坏习惯，那简直一文不值。”在培育人的新习惯前，有一项必不可少的工作，即分析自我习惯。通过分析自己的习惯，找出众人都不接受，与社会风尚、企业价值观严重背离的习惯。对于此类习惯，最理想的做法是彻底摒弃，如果难以在短时间内改变，也要时刻提醒自己控制该习惯的发生或放大。

7. 持之以恒

习惯是持续循环验证的结果，养成习惯需要做艰苦的努力，改掉不良习惯也需要不懈的努力。再加之人的恋旧心理，不管是培育还是摒弃习惯，都要做出巨大的努力，都要树立持之以恒的意识，才能取得成效。否则，只能是前功尽弃，竹篮打水一场空。

当过兵的人都知道，新兵从入伍到退伍，做得最多的事之一就是整理内务。每天都要把被子叠成和豆腐块一样整齐。我也有过从军的经历，开始非常讨厌做，也不理解，后来做得时间久了，也就习以为常了，逐渐明白了其真正的意图是培养令行禁止、整齐划一的作风。

但凡珍贵的东西，得来都不会容易，习惯这一决定命运之“技术”同样不会轻易获得。因此，只要我们认定了一个好习惯，就要下定决心，不畏艰难，坚持到底。

8. 强制屈同

不是所有的习惯都能得到别人的认可，一个习惯总有人喜欢、有人不喜欢，这是一种正常现象。特别是所倡导的习惯需要暂时的付出和努力时，总会有人不理解。因此，有些习惯的养成不一定是自愿的，也不一定是非要取得每个人的认同，只要它对组织的发展有利，对组织成员的长远利益有利，不违背社会主流习俗，即可以采用强制性的养成措施。

西点军校是美国第一所军事学校，曾与英国桑赫斯特皇家军事学院、俄罗斯伏龙芝军事学院及法国圣西尔军校并称世界“四大军校”。在其二百多年的历程中，培养了众多的美国军事人才，其中有3700人成为将军。除此之外，还为美国培养和造就了众多的政治家、企业家、教育家和科学家。取得如此骄人的业绩，与其强制培育学员行为习惯的做法密不可分。

“合理的要求是训练，不合理的要求是磨炼，没有失败，只是暂时停止成功。”这是西点军校的基本传统习惯，这一传统习惯隐含着的意思，即不管要求是不是合理也必须接受，并且强加给它正确性。一个学员进入这所学校，首先应树立起这一意识。在军校中，不管错与对，所有学员必须无条件地服从教官的命令；低年级的学员必须无条件地服从高年级学员的所有要求。培育这一习惯的日的是培养学员绝对服从的精神。一名军人，对上级的命令无需考虑正确与否，只有想尽一切办法去完成。西点强制规定，士兵在回答长官命令时，只能有四种：“是，长官”“不，长官”“不知道，长官”“没有借口，长官”。

对培养诚实的习惯，西点军校的信念是："绝不欺骗和偷盗，也绝不容忍任何人的这种行为。"曾经有一个女兵，训练很累，就违反规定偷偷去午睡，结果被发现后受到重罚，这件事教官并没有了结，他责问："你为什么受到处罚?"女兵回答："报告长官，擅自午睡。"教官说："你的主要错误是睡了30分钟，却说睡了15分钟。"

强制性地培育习惯，只有正确使用才能收到好的效果，领导者绝不可以做有违道德、有违法制的强制性习惯培育。

9. 有的放矢

培育良好习惯是针对性很强的工作，建立新习惯需要找准目标；改变旧习惯，同样需要确定好目标。哪些是我们在职业中需要培育的习惯，前面已经做了一些探讨，领导者可以根据实际情况、企业价值观进行具体分析，择优而定。如果我们还有什么迷茫，不妨读一读史蒂芬·柯维博士的《高效能人士的七个习惯》。

10. 制定计划

不要轻视计划，只有做好规划，才能提升培育效率。我们想养成合理安排、利用时间的习惯，就要做好时间的使用计划，计划好每个时间段要做的事情等，依计划坚持下去，就养成了合理利用时间的习惯。我们想养成每天早起的习惯，就要做一个计划：每天睡觉之前定好闹钟。对于难以改变的习惯，要周密计划并严格落实。个人如此，组织亦是如此。

后记

启发组织成员的积极主动性是一个系统工程，本书仅仅侧重于从领导职能的角度进行探讨，还有两个重要的因素——薪酬与激励，没有纳入其中。并不是贬低它们对人积极性的重要影响，相反，它们是很重要的因素。除此之外，影响积极主动性的还有组织的环境因素、企业所有权人的理念因素、成员的整体素质因素等。

人是一种资源，其薪酬受市场影响很大，是具有极强市场属性的特殊商品。抛开市场条件这一薪酬的风向标，我们无法为任何一个人确定合理的薪酬（价格），更不要说激励作用了。所以，去繁就简，我们假设组织成员的薪酬标准、模式符合人力资源市场的基本要求，且制度（方案）设计科学、公平。在这一假设的基础上，再从领导者的角度展开启发积极主动性方法的讨论。另外，许多专家学者在薪酬管理方面，有更成熟、更实用的经验与领导者分享，笔者在此就不班门弄斧了。由于激励这一影响积极性的因素，笔者将在另一拙作中探讨，所以没有纳入本书，请大家理解。使组织成员充满活力地工作是每个领导者的梦想，也是致力于领导力提升研究所追求的目标，但由于笔者学识、实践的不足，本书的方法一定有欠缺之处，期待大家的意见与建议，共同提高。

感谢博瑞森图书及张本心总经理为广大有识之士构建的舞台；感谢马优编辑的认真负责、细致校正、斟酌提醒；感谢廊坊常青教育王龙飞老师；感谢为此书的出版付出努力的所有朋友。

推荐作者得新书!

博瑞森征稿启事

亲爱的读者朋友:

感谢您选择了博瑞森图书!希望您手中的这本书能给您带来实实在在的帮助!

博瑞森一直致力于发掘好作者、好内容,希望能把您最需要的思想、方法,一字一句地交到您手中,成为管理知识与管理实践的桥梁。

但是我们也知道,有很多深入企业一线、经验丰富、乐于分享的优秀专家,或者忙于实战没时间,或者缺少专业的写作指导和便捷的出版途径,只能茫然以待……

还有很多在竞争大潮中坚守的企业,有着异常宝贵的实践经验和独特的洞察,但缺少专业的记录和整理者,无法让企业的经验和故事被更多的人了解、学习……

对读者而言,这些都太遗憾了!

博瑞森非常希望能将这些埋藏的"宝藏"发掘出来,贡献给广大读者,让更多的人从中受益。

所以,我们真心地邀请您,我们的老读者,帮我们搜寻:

推荐作者

可以是您自己或您的朋友,只要对本土管理有实践、有思考;可以是您通过网络、杂志、书籍或其他途径了解的某位专家,不管名气大小,只要他的思想和方法曾让您深受启发。

可以是管理类作品,也可以超出管理,各类优秀的社科作品或学术作品。

推荐企业

可以是您自己所在的企业,或者是您熟悉的某家企业,其创业过程、运营经历、产品研发、机制创新,等等。无论企业大小,只要乐于分享、有值得借鉴书写之处。

总之,好内容就是一切!

博瑞森绝非"自费出书",出版费用完全由我们承担。您推荐的作者或企业案例一经采用,我们会立刻向您赠送书币 1000 元,可直接换取任何博瑞森图书的纸书或电子书。

感谢您对本土管理原创、博瑞森图书的支持!

推荐投稿邮箱:bookgood@ 126. com

推荐手机:13611149991

1120 本土管理实践与创新论坛

这是由100多位本土管理专家联合创立的企业管理实践学术交流组织，旨在孵化本土管理思想、促进企业管理实践、加强专家间交流与协作。

论坛每年集中力量办好两件大事：第一，“**出一本书**”，汇聚一年的思考和实践，把最原创、最前沿、最实战的内容集结成册，贡献给读者；第二，“**办一次会**”，每年11月20日本土管理专家们汇聚一堂，碰撞思想、研讨案例、交流切磋、回馈社会。

论坛理事名单（以年龄为序，以示传承之意）

首届常务理事：

彭志雄　曾　伟　施　炜　杨　涛　张学军
郭　晓　程绍珊　胡八一　王祥伍　李志华
陈立云　杨永华

理　　事：

卢根鑫　王铁仁　周荣辉　曾令同　陆和平　宋杼宸
张国祥　刘承元　曹子祥　宋新宇　吴越舟　吴　坚
戴欣明　仲昭川　刘春雄　刘祖轲　段继东　何　慕
秦国伟　贺兵一　张小虎　郭　剑　余晓雷　黄中强
朱玉童　沈　坤　阎立忠　张　进　丁兴良　朱仁健
薛宝峰　史贤龙　卢　强　史幼波　叶敦明　王明胤
陈　明　岑立聪　方　刚　何足奇　周　俊　杨　奕
孙行健　孙嘉晖　张东利　郭富才　叶　宁　何　屹
沈　奎　王　超　马宝琳　谭长春　夏惊鸣　张　博
李洪道　胡浪球　孙　波　唐江华　程　翔　刘红明
杨鸿贵　伯建新　高可为　李　蓓　王春强　孔祥云
贾同领　罗宏文　史立臣　李政权　余　盛　陈小龙
尚　锋　邢　雷　余伟辉　李小勇　全怀周　初勇钢
陈　锐　高继中　聂志新　黄　屹　沈　拓　徐伟泽
谭洪华　崔自三　王玉荣　蒋　军　侯军伟　黄润霖

金国华　吴　之　葛新红　周　剑　崔海鹏　柏　龑
唐道明　朱志明　曲宗恺　杜　忠　远　鸣　范月明
刘文新　赵晓萌　张　伟　韩　旭　韩友诚　熊亚柱
孙彩军　刘　雷　王庆云　李少星　俞士耀　丁　昀
黄　磊　罗晓慧　伏泓霖　梁小平　鄢圣安

企业案例·老板传记

	书名.作者	内容/特色	读者价值
企业案例·老板传记	**你不知道的加多宝：原市场部高管讲述** 曲宗恺　牛玮娜　著	前加多宝高管解读加多宝	全景式解读，原汁原味
	借力咨询：德邦成长背后的秘密 官同良　王祥伍　著	讲述德邦是如何借助咨询公司的力量进行自身与发展的	来自德邦内部的第一线资料，真实、珍贵，令人受益匪浅
	娃哈哈区域标杆：豫北市场营销实录 罗宏文　赵晓萌　等著	本书从区域的角度来写娃哈哈河南分公司豫北市场是怎么进行区域市场营销，成为娃哈哈全国第一大市场、全国增量第一高市场的一些操作方法	参考性、指导性，一线真实资料
	六个核桃凭什么：从0过100亿 张学军　著	首部全面揭秘养元六个核桃裂变式成长的巨著	学习优秀企业的成长路径，了解其背后的理论体系
	像六个核桃一样：打造畅销品的36个简明法则 王　超　范　萍　著	本书分上下两篇：包括"六个核桃"的营销战略历程和36条畅销法则	知名企业的战略历程极具参考价值，36条法则提供操作方法
	解决方案营销实战案例 刘祖轲　著	用10个真案例讲明白什么是工业品的解决方案式营销，实战、实用	有干货、真正操作过的才能写得出来
	招招见销量的营销常识 刘文新　著	如何让每一个营销动作都直指销量	适合中小企业，看了就能用
	我们的营销真案例 联纵智达研究院　著	五芳斋粽子从区域到全国/诺贝尔瓷砖门店销量提升/利豪家具出口转内销/汤臣倍健的营销模式	选择的案例都很有代表性，实在、实操！
	中国营销战实录：令人拍案叫绝的营销真案例 联纵智达　著	51个案例，42家企业，38万字，18年，累计2000余人次参与……	最真实的营销案例，全是一线记录，开阔眼界
	双剑破局：沈坤营销策划案例集 沈　坤　著	双剑公司多年来的精选案例解析集，阐述了项目策划中每一个营销策略的诞生过程，策划角度和方法	一线真实案例，与众不同的策划角度令人拍案叫绝、受益匪浅
	宗：一位制造业企业家的思考 杨　涛　著	1993年创业，引领企业平稳发展20多年，分享独到的心得体会	难得的一本老板分享经验的书
	简单思考：AMT咨询创始人自述 孔祥云　著	著名咨询公司（AMT）的CEO创业历程中点点滴滴的经验与思考	每一位咨询人，每一位创业者和管理经营者，都值得一读
	边干边学做老板 黄中强　著	创业20多年的老板，有经验、能写、又愿意分享，这样的书很少	处处共鸣，帮助中小企业老板少走弯路
	三四线城市超市如何快速成长：解密甘雨亭 IBMG国际商业管理集团　著	国内外标杆企业的经验+本土实践量化数据+操作步骤、方法	通俗易懂，行业经验丰富，宝贵的行业量化数据，关键思路和步骤
	中国首家未来超市：解密安徽乐城 IBMG国际商业管理集团　著	本书深入挖掘了安徽乐城超市的试验案例，为零售企业未来的发展提供了一条可借鉴之路	通俗易懂，行业经验丰富，宝贵的行业量化数据，关键思路和步骤

续表

互联网 +			
书名．作者		内容/特色	读者价值
互联网+	**企业微信营销全指导** 孙　巍　著	专门给企业看到的微信营销书，手把手教企业从小白到微信营销专家	企业想学微信营销现在还不晚，两眼一抹黑也不怕，有这本书就够
	企业网络营销这样做才对：B2B　大宗 B2C 张　进　著	简单直白拿来就用，各种窍门信手拈来，企业网络营销不麻烦也不用再头疼，一般人不告诉他	B2B、大宗 B2C 企业有福了，看了就能学会网络营销
	互联网时代的银行转型 韩友诚　著	以大量案例形式为读者全面展示和分析了银行的互联网金融转型应对之道	结合本土银行转型发展案例的书籍
	正在发生的转型升级·实践 本土管理实践与创新论坛　著	企业在快速变革期所展现出的管理变革新成果、新方法、新案例	重点突出对于未来企业管理相关领域的趋势研判
	触发需求：互联网新营销样本·水产 何足奇　著	传统产业都在苦闷中挣扎前行，本书通过鲜活的案例告诉你如何以需求链整合供应链，从而把大家熟知的传统行业打碎了重构、重做一遍	全是干货，值得细读学习，并且作者的理论已经经过了他亲自操刀的实践检验，效果惊人，就在书中全景展示
	移动互联新玩法：未来商业的格局和趋势 史贤龙　著	传统商业、电商、移动互联，三个世界并存，这种新格局的玩法一定要懂	看清热点的本质，把握行业先机，一本书搞定移动互联网
	微商生意经：真实再现 33 个成功案例操作全程 伏泓霖　罗晓慧　著	本书为 33 个真实案例，分享案例主人公在做微商过程中的经验教训	案例真实，有借鉴意义
	阿里巴巴实战运营——14 招玩转诚信通 聂志新　著	本书主要介绍阿里巴巴诚信通的十四个基本推广操作，从而帮助使用诚信通的用户及企业更好地提升业绩	基本操作，很多可以边学边用，简单易学
	今后这样做品牌：移动互联时代的品牌营销策略 蒋　军　著	与移动互联紧密结合，告诉你老方法还能不能用，新方法怎么用	今后这样做品牌就对了
	互联网 +“变”与“不变”：本土管理实践与创新论坛集萃·2016 本土管理实践与创新论坛　著	本土管理领域正在产生自己独特的理论和模式，尤其在移动互联时代，有很多新课题需要本土专家们一起研究	帮助读者拓宽眼界、突破思维
	创造增量市场：传统企业互联网转型之道 刘红明　著	传统企业需要用互联网思维去创造增量，而不是用电子商务去转移传统业务的存量	教你怎么在“互联网 +”的海洋中创造实实在在的增量
	重生战略：移动互联网和大数据时代的转型法则 沈　拓　著	在移动互联网和大数据时代，传统企业转型如同生命体打算与再造，称之为“重生战略”	帮助企业认清移动互联网环境下的变化和应对之道

续表

互联网+	**画出公司的互联网进化路线图:用互联网思维重塑产品、客户和价值** 李　蓓　著	18个问题帮助企业一步步梳理出互联网转型思路	思路清晰、案例丰富,非常有启发性
	7个转变,让公司3年胜出 李　蓓　著	消费者主权时代,企业该怎么办	这就是互联网思维,老板有能这样想,肯定倒不了
	跳出同质思维,从跟随到领先 郭　剑　著	66个精彩案例剖析,帮助老板突破行业长期思维惯性	做企业竟然有这么多玩法,开眼界

行业类:零售、白酒、食品/快消品、农业、医药、建材家居等

	书名.作者	内容/特色	读者价值
零售·超市·餐饮·服装	**总部有多强大,门店就能走多远** IBMG国际商业管理集团　著	如何把总部做强,成为门店的坚实后盾	了解总部建设的方法与经验
	超市卖场定价策略与品类管理 IBMG国际商业管理集团　著	超市定价策略与品类管理实操案例和方法	拿来就能用的理论和工具
	连锁零售企业招聘与培训破解之道 IBMG国际商业管理集团　著	围绕零售企业组织架构、培训体系建设等内容进行深刻探讨	破解人才发现和培养瓶颈的关键点
	中国首家未来超市:解密安徽乐城 IBMG国际商业管理集团　著	介绍了乐城作为中国首家未来超市从无到有的传奇经历	了解新型零售超市的运作方式及管理特色
	三四线城市超市如何快速成长:解密甘雨亭 IBMG国际商业管理集团　著	揭秘一家三四线连锁超市的经验策略	不但可以欣赏它的优点,而且可以学会它成功的方法
	涨价也能卖到翻 村松达夫　【日】	提升客单价的15种实用、有效的方法	日本企业在这方面非常值得学习和借鉴
	移动互联下的超市升级 联商网专栏频道　著	深度解析超市转型升级重点	帮助零售企业把握全局、看清方向
	手把手教你做专业督导:专卖店、连锁店 熊亚柱　著	从督导的职能、作用,在工作中需要的专业技能、方法,都提供了详细的解读和训练办法,同时附有大量的表单工具	无论是店铺需要统一培训,还是个人想成为优秀的督导,有这一本就够了
	百货零售全渠道营销策略 陈继展　著	没有照本宣科、说教式的絮叨,只有笔者对行业的认知与理解,庖丁解牛式的逐项解析、展开	通俗易懂,花极少的时间快速掌握该领域的知识及趋势
	零售:把客流变成购买力 丁　昀　著	如何通过不断升级产品和体验式服务来经营客流	如何进行体验营销,国外的好经营,这方面有启发

续表

零售·超市·餐饮·服装	**餐饮企业经营策略第一书** 吴　坚　著	分别从产品、顾客、市场、盈利模式等几个方面，对现阶段餐饮企业的发展提出策略和思路	第一本专业的、高端的餐饮企业经营指导书
	电影院的下一个黄金十年：开发·差异化·案例 李保煜　著	对目前电影院市场存大的问题及如何解决进行了探讨与解读	多角度了解电影院运营方式及代表性案例
	赚不赚钱靠店长：从懂管理到会经营 孙彩军　著	通过生动的案例来进行剖析，注重门店管理细节方面的能力提升	帮助终端门店店长在管理门店的过程中实现经营思路的拓展与突破
耐消品	**商用汽车经销商经营实战** 杜建君　王朝阳　章晓青等著	从管理到经营，从销售到服务，系统化运作全指导	为经销商经营开阔思路，掌握方法
	汽车配件这样卖：汽车后市场销售秘诀100条 俞士耀　著	汽配销售业务员必读，手把手教授最实用的方法，轻松得来好业绩	快速上岗，专业实效，业绩无忧
	跟行业老手学经销商开发与管理：家电、耐消品、建材家居 黄润霖　著	全部来源于经销商管理的一线问题，作者用丰富的经验将每一个问题落实到最便捷快速的操作方法上去	书中每一个问题都是普通营销人亲口提出的，这些问题你也会遇到，作者进行的解答则精彩实用
白酒	**白酒到底如何卖** 赵海永　著	以市场实战为主，多层次、全方位、多角度地阐释了白酒一线市场操作的最新模式和方法，接地气	实操性强，37个方法、6大案例帮你成功卖酒
	变局下的白酒企业重构 杨永华　著	帮助白酒企业从产业视角看清趋势，找准位置，实现弯道超车的书	行业内企业要减少90%，自己在什么位置，怎么做，都清楚了
	1. 白酒营销的第一本书（升级版） **2. 白酒经销商的第一本书** 唐江华　著	华泽集团湖南开口笑公司品牌部长，擅长酒类新品推广、新市场拓展	扎根一线，实战
	区域型白酒企业营销必胜法则 朱志明　著	为区域型白酒企业提供35条必胜法则，在竞争中赢销的葵花宝典	丰富的一线经验和深厚积累，实操实用
	10步成功运作白酒区域市场 朱志明　著	白酒区域操盘者必备，掌握区域市场运作的战略、战术、兵法	在区域市场的攻伐防守中运筹帷幄，立于不败之地
	酒业转型大时代：微酒精选2014－2015 微酒　主编	本书分为五个部分：当年大事件、那些酒业营销工具、微酒独立策划、业内大调查和十大经典案例	了解行业新动态、新观点，学习营销方法
快消品·食品	**这样打造快消品标杆市场** 罗宏文　著	帮助你解决如何成功打造标杆市场和进行持续增量管理两大问题	一套系统的方法论，通俗易懂，可以直接套用
	5小时读懂快消品营销：中国快消品案例观察 陈海超　著	多年营销经验的一线老手把案例掰开了、揉碎了，从中得出的各种手段和方法给读者以帮助和启发	营销那些事儿的个中秘辛，求人还不一定告诉你，这本书里就有

续表

快消品·食品	**快消品招商的第一本书:从入门到精通** 刘　雷　著	深入浅出,不说废话,有工具方法,通俗易懂	让零基础的招商新人快速学习书中最实用的招商技能,成长为骨干人才
	乳业营销第一书 侯军伟　著	对区域乳品企业生存发展关键性问题的梳理	唯一的区域乳业营销书,区域乳品企业一定要看
	食用油营销第一书 余　盛　著	10 多年油脂企业工作经验,从行业到具体实操	食用油行业第一书,当之无愧
	中国茶叶营销第一书 柏　龑　著	如何跳出茶行业“大文化小产业”的困境,作者给出了自己的观察和思考	不是传统做茶的思路,而是现在商业做茶的思路
	调味品营销第一书 陈小龙　著	国内唯一一本调味品营销的书	唯一的调味品营销的书,调味品的从业者一定要看
	快消品营销人的第一本书:从入门到精通 刘　雷　伯建新　著	快消行业必读书,从入门到专业	深入细致,易学易懂
	变局下的快消品营销实战策略 杨永华　著	通胀了,成本增加,如何从被动应战变成主动的“系统战”	作者对快消品行业非常熟悉、非常实战
	快消品经销商如何快速做大 杨永华　著	本书完全从实战的角度,评述现象,解析误区,揭示原理,传授方法	为转型期的经销商提供了解决思路,指出了发展方向
	一位销售经理的工作心得 蒋　军　著	一线营销管理人员想提升业绩却无从下手时,可以看看这本书	一线的真实感悟
	快消品营销:一位销售经理的工作心得 2 蒋　军　著	快消品、食品饮料营销的经验之谈,重点图书	来源与实战的精华总结
	快消品营销与渠道管理 谭长春　著	将快消品标杆企业渠道管理的经验和方法分享出来	可口可乐、华润的一些具体的渠道管理经验,实战
	成为优秀的快消品区域经理(升级版) 伯建新　著	用“怎么办”分析区域经理的工作关键点,增加30%全新内容,更贴近环境变化	可以作为区域经理的“速成催化器”
	销售轨迹:一位快消品营销总监的拼搏之路 秦国伟　著	本书讲述了一个普通销售员打拼成为跨国企业营销总监的真实奋斗历程	激励人心,给广大销售员以力量和鼓舞
	快消老手都在这样做:区域经理操盘锦囊 方　刚　著	非常接地气,全是多年沉淀下来的干货,丰富的一线经验和实操方法不可多得	在市场摸爬滚打的“老油条”,那些独家绝招妙招一般你问都是问不来的
	动销四维:全程辅导与新品上市 高继中　著	从产品、渠道、促销和新品上市详细讲解提高动销的具体方法,总结作者 18 年的快消品行业经验,方法实操	内容全面系统,方法实操

续表

农业	**新农资如何换道超车** 刘祖轲　等著	从农业产业化、互联网转型、行业营销与经营突破四个方面阐述如何让农资企业占领先机、提前布局	南方略专家告诉你如何应对资源浪费、生产效率低下、产能严重过剩、价格与价值严重扭曲等
	中国牧场管理实战：畜牧业、乳业必读 黄剑黎　著	本书不仅提供了来自一线的实际经验，还收入了丰富的工具文档与表单	填补空白的行业必读作品
	中小农业企业品牌战法 韩　旭　著	将中小农业企业品牌建设的方法，从理论讲到实践，具有指导性	全面把握品牌规划，传播推广，落地执行的具体措施
	农资营销实战全指导 张　博　著	农资如何向"深度营销"转型，从理论到实践进行系统剖析，经验资深	朴实、使用！不可多得的农资营销实战指导
	农产品营销第一书 胡浪球　著	从农业企业战略到市场开拓、营销、品牌、模式等	来源于实践中的思考，有启发
	变局下的农牧企业9大成长策略 彭志雄　著	食品安全、纵向延伸、横向联合、品牌建设……	唯一的农牧企业经营实操的书，农牧企业一定要看
医药	**在中国，医药营销这样做：时代方略精选文集** 段继东　主编	专注于医药营销咨询15年，将医药营销方法的精华文章合编，深入全面	可谓医药营销领域的顶尖著作，医药界读者的必读书
	医药新营销：制药企业、医药商业企业营销模式转型 史立臣　著	医药生产企业和商业企业在新环境下如何做营销？老方法还有没有用？如何寻找新方法？新方法怎么用？本书给你答案	内容非常现实接地气，踏实谈问题说方法
	医药企业转型升级战略 史立臣　著	药企转型升级有5大途径，并给出落地步骤及风险控制方法	实操性强，有作者个人经验总结及分析
	新医改下的医药营销与团队管理 史立臣　著	探讨新医改对医药行业的系列影响和医药团队管理	帮助理清思路，有一个框架
	医药营销与处方药学术推广 马宝琳　著	如何用医学策划把"平民产品"变成"明星产品"	有真货、讲真话的作者，堪称处方药营销的经典！
	新医改，医药企业如何应对行业洗牌 林延君　沈　斌　著	一方面，围绕着变革，多角度阐述药企的应对之道；另一方面，紧扣实践，介绍近百家医药企业创新实践案例	医改变革10年，医药企业如何应对大洗牌？重磅出击的药企人必读书
	新医改了，药店就要这样开 尚　锋　著	药店经营、管理、营销全攻略	有很强的实战性和可操作性
	电商来了，实体药店如何突围 尚　锋　著	电商崛起，药店该如何突围？本书从促销、会员服务、专业性、客单价等多重角度给出了指导方向	实战攻略，拿来就能用
	OTC医药代表药店销售36计 鄢圣安　著	以《三十六计》为线，写OTC医药代表向药店销售的一些技巧与策略	案例丰富，生动真实，实操性强

续表

医药	**OTC医药代表药店开发与维护** 鄢圣安　著	要做到一名专业的医药代表，需要做什么、准备什么、知识储备、操作技巧等	医药代表药店拜访的指导手册，手把手教你快速上手
	引爆药店成交率1：店员导购实战 范月明　著	一本书解决药店导购所有难题	情景化、真实化、实战化
	引爆药店成交率2：经营落地实战 范月明　著	最接地气的经营方法全指导	揭示了药店经营的几类关键问题
	引爆药店成交率：专业化销售解决方案 范月明　著	药品搭配分析与关联销售	为药店人专业化助力
建材家居	**成为最赚钱的家具建材经销商** 李治江　著	从销售模式、产品、门店等老板们最关注和最需要的方面解决问题、提供方法	只要你是建材、家具、家居用品的经销商老板，这就是一本必读的书
	家具行业操盘手 王献永　著	家具行业问题的终结者	解决了干家具还有没有前途？为什么同城多店的家具经销商很难做大做强等问题
	建材家居营销：除了促销还能做什么 孙嘉晖　著	一线老手的深度思考，告诉你在建材家居营销模式基本停滞的今天，除了促销，营销还能怎么做	给你的想法一场革命
	建材家居营销实务 程绍珊　杨鸿贵　主编	价值营销运用到建材家居，每一步都让客户增值	有自己的系统、实战
	建材家居门店销量提升 贾同领　著	店面选址、广告投放、推广助销、空间布局、生动展示、店面运营等	门店销量提升是一个系统工程，非常系统、实战
	10步成为最棒的建材家居门店店长 徐伟泽　著	实际方法易学易用，让员工能够迅速成长，成为独当一面的好店长	只要坚持这样干，一定能成为好店长
	手把手帮建材家居导购业绩倍增：成为顶尖的门店店员 熊亚柱　著	生动的表现形式，让普通人也能成为优秀的导购员，让门店业绩长红	读着有趣，用着简单，一本在手、业绩无忧
	建材家居经销商实战42章经 王庆云　著	告诉经销商：老板怎么当、团队怎么带、生意怎么做	忠言逆耳，看着不舒服就对了，实战总结，用一招半式就值了
工业品	**销售是门专业活：B2B、工业品** 陆和平　著	销售流程就应该跟着客户的采购流程和关注点的变化向前推进，将一个完整的销售过程分成十个阶段，提供具体方法	销售不是请客吃饭拉关系，是个专业的活计！方法在手，走遍天下不愁
	解决方案营销实战案例 刘祖轲　著	用10个真案例讲明白什么是工业品的解决方案式营销，实战、实用	有干货、真正操作过的才能写得出来
	变局下的工业品企业7大机遇 叶敦明　著	产业链条的整合机会、盈利模式的复制机会、营销红利的机会、工业服务商转型机会……	工业品企业还可以这样做，思维大突破

续表

工业品	**工业品市场部实战全指导** 杜　忠　著	工业品市场部经理工作内容全指导	系统、全面、有理论、有方法,帮助工业品市场部经理更快提升专业能力
	工业品营销管理实务 李洪道　著	中国特色工业品营销体系的全面深化、工业品营销管理体系优化升级	工具更实战,案例更鲜活,内容更深化
	工业品企业如何做品牌 张东利　著	为工业品企业提供最全面的品牌建设思路	有策略、有方法、有思路、有工具
	丁兴良讲工业4.0 丁兴良　著	没有枯燥的理论和说教,用朴实直白的语言告诉你工业4.0的全貌	工业4.0是什么?本书告诉你答案
	资深大客户经理:策略准,执行狠 叶敦明　著	从业务开发、发起攻势、关系培育、职业成长四个方面,详述了大客户营销的精髓	满满的全是干货
	一切为了订单:订单驱动下的工业品营销实战 唐道明　著	其实,所有的企业都在围绕着两个字在开展全部的经营和管理工作,那就是"订单"	开发订单、满足订单、扩大订单。本书全是实操方法,字字珠玑、句句干货,教你获得营销的胜利
金融	**交易心理分析** (美)马克·道格拉斯　著 刘真如　译	作者一语道破赢家的思考方式,并提供了具体的训练方法	不愧是投资心理的第一书,绝对经典
	精品银行管理之道 崔海鹏　何　屹　主编	中小银行转型的实战经验总结	中小银行的教材很多,实战类的书很少,可以看看
	支付战争 Eric M. Jackson　著 徐　彬　王　晓　译	PayPal创业期营销官,亲身讲述PayPal从诞生到壮大到成功出售的整个历史	激烈、有趣的内幕商战故事!了解美国支付市场的风云巨变
	中外并购名著专业阅读指南 叶兴平　等著	在5000多本并购类图书中精选的200著作,在阅读的基础上写的读书评价	精挑细选200本并一一评介,省去读者挑选的烦恼,快捷、高效
	互联网时代的银行转型 韩友诚　著	以大量案例形式为读者全面展示和分析了银行的互联网金融转型应对之道	结合本土银行转型发展案例的书籍
房地产	**产业园区/产业地产规划、招商、运营实战** 阎立忠　著	目前中国第一本系统解读产业园区和产业地产建设运营的实战宝典	从认知、策划、招商到运营全面了解地产策划
	人文商业地产策划 戴欣明　著	城市与商业地产战略定位的关键是不可复制性,要发现独一无二的"味道"	突破千城一面的策划困局
	电影院的下一个黄金十年:开发·差异化·案例 李保煜　著	对目前电影院市场存大的问题及如何解决进行了探讨与解读	多角度了解电影院运营方式及代表性案例
能源	**全能型班组:城市能源互联网与电力班组升级** 国网天津市电力公司　编著	借鉴国内外优秀企业的转型升级思路,通过对于新型班组组织模式和运行机制的大胆设想,力图构建充分适应内外环境变化的全能型班组	看看庞大的国企在新环境下是如何顺应时代的
	国网天津电力全能型班组建设实务 国网天津市电力公司　编著	本书聚焦于天津电力公司在探索全能型班组转型升级时的优秀实践	电力行业的班组实践,具体、可操作性强

续表

经营类:企业如何赚钱,如何抓机会,如何突破,如何“开源”

	书名.作者	内容/特色	读者价值
抓方向	**让经营回归简单.升级版** 宋新宇　著	化繁为简抓住经营本质:战略、客户、产品、员工、成长	经典,做企业就这几个关键点!
	混沌与秩序Ⅰ:变革时代企业领先之道 **混沌与秩序Ⅱ:变革时代管理新思维** 彭剑锋　尚艳玲　主编	汇集华夏基石专家团队10年来研究成果,集中选择了其中的精华文章编纂成册	作者都是既有深厚理论积淀又有实践经验的重磅专家,为中国企业和企业家的未来提出了高屋建瓴的观点
	活系统:跟任正非学当老板 孙行健　尹　贤　著	以任正非的独到视角,教企业老板如何经营公司	看透公司经营本质,激活企业活力
	重构:快消品企业重生之道 杨永华　著	从7个角度,帮助企业实现系统性的改造	提供转型思想与方法,值得参考
	公司由小到大要过哪些坎 卢　强　著	老板手里的一张“企业成长路线图”	现在我在哪儿,未来还要走哪些路,都清楚了
	企业二次创业成功路线图 夏惊鸣　著	企业曾经抓住机会成功了,但下一步该怎么办?	企业怎样获得第二次成功,心里有个大框架了
	老板经理人双赢之道 陈　明　著	经理人怎养选平台、怎么开局,老板怎样选/育/用/留	老板生闷气,经理人牢骚大,这次知道该怎么办了
	简单思考:AMT咨询创始人自述 孔祥云　著	著名咨询公司(AMT)的CEO创业历程中点点滴滴的经验与思考	每一位咨询人,每一位创业者和管理经营者,都值得一读
	企业文化的逻辑 王祥伍　黄健江　著	为什么企业绩效如此不同,解开绩效背后的文化密码	少有的深刻,有品质,读起来很流畅
	使命驱动企业成长 高可为　著	钱能让一个人今天努力,使命能让一群人长期努力	对于想做事业的人,‘使命’是绕不过去的
思维突破	**盈利原本就这么简单** 高可为　著	从财务的角度揭示企业盈利的秘密	多方面解读商业模式与盈利的关系,通俗易懂,受益匪浅
	移动互联新玩法:未来商业的格局和趋势 史贤龙　著	传统商业、电商、移动互联,三个世界并存,这种新格局的玩法一定要懂	看清热点的本质,把握行业先机,一本书搞定移动互联网
	画出公司的互联网进化路线图:用互联网思维重塑产品、客户和价值 李　蓓　著	18个问题帮助企业一步步梳理出互联网转型思路	思路清晰、案例丰富,非常有启发性
	重生战略:移动互联网和大数据时代的转型法则 沈　拓　著	在移动互联网和大数据时代,传统企业转型如同生命体打算与再造,称之为“重生战略”	帮助企业认清移动互联网环境下的变化和应对之道
	创造增量市场:传统企业互联网转型之道 刘红明　著	传统企业需要用互联网思维去创造增量,而不是用电子商务去转移传统业务的存量	教你怎么在“互联网+”的海洋中创造实实在在的增量

续表

思维突破	**7个转变，让公司3年胜出** 李蓓 著	消费者主权时代，企业该怎么办	这就是互联网思维，老板有能这样想，肯定倒不了
	跳出同质思维，从跟随到领先 郭剑 著	66个精彩案例剖析，帮助老板突破行业长期思维惯性	做企业竟然有这么多玩法，开眼界
	麻烦就是需求　难题就是商机 卢根鑫 著	如何借助客户的眼睛发现商机	什么是真商机，怎么判断、怎么抓，有借鉴
	互联网+"变"与"不变"：本土管理实践与创新论坛集萃·2016 本土管理实践与创新论坛 著	加速本土管理思想的孕育诞生，促进本土管理创新成果更好地服务企业、贡献社会	各个作者本年度最新思想，帮助读者拓宽眼界、突破思维
	消费升级：实践　研究（文集） 本土管理实践与创新论坛 著	38位管理专家及7位学者的精华思想，从经营、管理、行业及思想研究四个方面阐述中国企业在消费升级下的实践与研究	思想启发，行业借鉴
财务	**写给企业家的公司与家庭财务规划——从创业成功到富足退休** 周荣辉 著	本书以企业的发展周期为主线，写各阶段企业与企业主家庭的财务规划	为读者处理人生各阶段企业与家庭的财务问题提供建议及方法，让家庭成员真正享受财富带来的益处
	互联网时代的成本观 程翔 著	本书结合互联网时代提出了成本的多维观，揭示了多维组合成本的互联网精神和大数据特征，论述了其产生背景、实现思路和应用价值	在传统成本观下为盈利的业务，在新环境下也许就成为亏损业务。帮助管理者从新的角度来看待成本，进一步做好精益管理

管理类：效率如何提升，如何实现经营目标，如何"节流"

书名．作者		内容/特色	读者价值
通用管理	**让管理回归简单·升级版** 宋新宇 著	从目标、组织、决策、授权、人才和老板自己层面教你怎样做管理	帮助管理抓住管理的要害，让管理变得简单
	让经营回归简单·升级版 宋新宇 著	从战略、客户、产品、员工、成长、经营者自身等七个方面，归纳总结出简单有效的经营法则	总结出的真正优秀企业的成功之道：简单
	让用人回归简单 宋新宇 著	从用人的原则、用人的难题与误区、用人的方法和用人者的修炼四大方面，总结出适合中小企业做好人才管理工作的法则	帮助管理者抓住用人的要害，让用人变得简单
	历史深处的管理智慧1：组织建设与用人之道 刘文瑞 著	对历史之典故、政事、人事、政制进行管理解析，鉴照企业人才的选用育留	推动理论与实践的对接，实现理性与情感的渗透，用中国话语说明管理智慧
	历史深处的管理智慧2：战略决策与经营运作 刘文瑞 著	对历史之典故、政事、人事、政制进行管理解析，鉴照企业战略设计与经营实践	推动理论与实践的对接，实现理性与情感的渗透，用中国话语说明管理智慧

续表

通用管理	**历史深处的管理智慧3:领导修炼与文化素养** 刘文瑞　著	对历史之典故、政事、人事、政制进行管理解析,鉴照企业领导职业能力提升与文化修养	推动理论与实践的对接,实现理性与情感的渗透,用中国话语说明管理智慧
	管理的尺度 刘文瑞　著	对管理中的种种普遍性问题进行了批评	提高把握管理尺度的能力
	管理学在中国 刘文瑞　著	系统性介绍了管理学在中国的发展和演变	了解管理学在中国的发展脉络,更清晰理解管理学的本质
	管理:以规则驾驭人性 王春强　著	详细解读企业规则的制定方法	从人与人博弈角度提升管理的有效性
	员工心理学超级漫画版 邢　雷　著	以漫画的形式深度剖析员工心理	帮助管理者更了解员工,从而更轻松地管理员工
	老板有想法,高层有干法:企业中的将、帅之道 王清华　著	深入剖析老板与高管的异同	各司其职,各行其是,相辅相成
	分股合心:股权激励这样做 段磊　周剑　著	通过丰富的案例,详细介绍了股权激励的知识和实行方法	内容丰富全面、易读易懂,了解股权激励,有这一本就够了
	边干边学做老板 黄中强　著	创业20多年的老板,有经验、能写、又愿意分享,这样的书很少	处处共鸣,帮助中小企业老板少走弯路
	成为敏感而体贴的公司 王　涛　著	本书为作者对企业的观察和冥想的随笔记录。从生活中的一个现象入手,进而探索现象背后的本质	从全新角度认识公司
	中国企业的觉醒:正直 善良 成长 王　涛　著	围绕着企业人如何发生转化展开,对中国人、中国文化及由此导致的企业现状的观察和思考	企业除了要利润,还需要道德
	有意识的思考:轻松化解问题的7个思考习惯 王　涛　著	本书是对思想、思考过程、思考方式进行的细致观察	养成好的思考习惯,更深刻地看问题
	中国式阿米巴落地实践之从交付到交易 胡八一　著	本书主要讲述阿米巴经营会计,"从交付到交易",这是成功实施了阿米巴的标志	阿米巴经营会计的工作是有逻辑关联的,一本书就能搞定
	中国式阿米巴落地实践之激活组织 胡八一　著	重点讲解如何科学划分阿米巴单元,阐述划分的实操要领、思路、方法、技术与工具	最大限度减少"推行风险"和"摸索成本",利于公司成功搭建适合自身的个性化阿米巴经营体系
	集团化企业阿米巴实战案例 初勇钢　著	一家集团化企业阿米巴实施案例	指导集团化企业系统实施阿米巴
	阿米巴经营的中国模式 李志华　著	让员工从"要我干"到"我要干",价值量化出来	阿米巴在企业如何落地,明白思路了
	欧博心法:好管理靠修行 曾　伟　著	用佛家的智慧,深刻剖析管理问题,见解独到	如果真的有'中国式管理',曾老师是其中标志性人物
	领导这样点燃你的下属 孟广桥　著	领导者如何才能让员工积极主动地工作?如何让你的员工和下属保持工作的热情,自动自发?看了这本书就知道	只要你希望手下的"兵将"永远充满工作的斗志,这本书将使你获益良多

续表

流程管理	**1. 用流程解放管理者** **2. 用流程解放管理者 2** 张国祥　著	中小企业阅读的流程管理、企业规范化的书	通俗易懂,理论和实践的结合恰到好处
	跟我们学建流程体系 陈立云　著	畅销书《跟我们学做流程管理》系列,更实操,更细致,更深入	更多地分享实践,分享感悟,从实践总结出来的方法论
质量管理	**IATF16949 质量管理体系详解与案例文件汇编:TS16949 转版 IATF16949:2016** 谭洪华　著	针对 IATF 的新标准做了详细的解说,同时指出了一些推行中容易犯的错误,提供了人量的表单、案例	案例、表单丰富,拿来就用
	五大质量工具详解及运用案例:APQP/FMEA/PPAP/MSA/SPC 谭洪华　著	对制造业必备的五大质量工具中每个文件的制作要求、注意事项、制作流程、成功案例等进行了解读	通俗易懂、简便易行,能真正实现学以致用
	ISO9001:2015 新版质量管理体系详解与案例文件汇编 谭洪华　著	紧密围绕 2015 年新版质量管理体系文件逐条详细解读,并提供可以直接套用的案例工具,易学易上手	企业质量管理认证、内审必备
	ISO14001:2015 新版环境管理体系详解与案例文件汇编 谭洪华　著	紧密围绕 2015 年新版环境管理体系文件逐条详细解读,并提供可以直接套用的案例工具,易学易上手	企业环境管理认证、内审必备
	SA8000:2014 社会责任管理体系认证实战 吕　林　著	作者根据自己的操作经验,按认证的流程,以相关案例进行说明 SA8000 认证体系	简单,实操性强,拿来就能用
	精益质量管理实战工具 贺小林　著	制造类企业日常工作中所需要的精益管理工具的归纳整理,并进行案例操作的细致分析	可以直接参考,实际解决生产中的具体问题
战略落地	**重生——中国企业的战略转型** 施　炜　著	从前瞻和适用的角度,对中国企业战略转型的方向、路径及策略性举措提出了一些概要性的建议和意见	对企业有战略指导意义
	公司大了怎么管:从靠英雄到靠组织 AMT 金国华　著	第一次详尽阐释中国快速成长型企业的特点、问题及解决之道	帮助快速成长型企业领导及管理团队理清思路,突破瓶颈
	低效会议怎么改:每年节省一半会议成本的秘密 AMT 王玉荣　著	教你如何系统规划公司的各级会议,一本工具书	教会你科学管理会议的办法
	年初订计划,年尾有结果:战略落地七步成诗 AMT 郭晓　著	7 个步骤教会你怎么让公司制定的战略转变为行动	系统规划,有效指导计划实现

续表

人力资源	**HRBP是这样炼成的之"菜鸟起飞"** 新　海　著	以小说的形式,具体解析HRBP的职责,应该如何操作,如何为业务服务	实践者的经验分享,内容实务具体,形式有趣
	HRBP是这样炼成的之中级修炼 新　海　著	本书以案例故事的方式,介绍了HRBP在实际工作中碰到的问题和挑战	书中的HR解决方案讲究因时因地制宜、简单有效的原则,重在启发读者思路,可供各类企业HRBP借鉴
	HRBP是这样炼成的之高级修炼 新　海　著	以故事的形式,展现了HRBP工作者在职业发展路上的层层深入和递进	为读者提供HRBP在实际工作中遇到种种问题的解决方案
	把面试做到极致:首席面试官的人才甄选法 孟广桥　著	作者用自己几十年的人力资源经验总结出的一套实用的确定岗位招聘标准、提升面试官技能素质的简便方法	面试官必备,没有空泛理论,只有巧妙的实操技能
	人力资源体系与e-HR信息化建设 刘书生　陈　莹　王美佳　著	将作者经历的人力资源管理变革、人力资源管理信息化咨询项目方法论、工具和成果全面展现给读者,使大家能够将其快速应用到管理实践中	系统性非常强,没有废话,全部是浓缩的干货
	回归本源看绩效 孙　波　著	让绩效回顾"改进工具"的本源,真正为企业所用	确实是来源于实践的思考,有共鸣
	世界500强资深培训经理人教你做培训管理 陈　锐　著	从7大角度具体细致地讲解了培训管理的核心内容	专业、实用、接地气
	曹子祥教你做激励性薪酬设计 曹子祥　著	以激励性为指导,系统性地介绍了薪酬体系及关键岗位的薪酬设计模式	深入浅出,一本书学会薪酬设计
	曹子祥教你做绩效管理 曹子祥　著	复杂的理论通俗化,专业的知识简单化,企业绩效管理共性问题的解决方案	轻松掌握绩效管理
	把招聘做到极致 远　鸣　著	作为世界500强高级招聘经理,作者数十年招聘经验的总结分享	带来职场思考境界的提升和具体招聘方法的学习
	人才评价中心.超级漫画版 邢　雷　著	专业的主题,漫画的形式,只此一本	没想到一本专业的书,能写成这效果
	走出薪酬管理误区 全怀周　著	剖析薪酬管理的8大误区,真正发挥好枢纽作用	值得企业深读的实用教案
	集团化人力资源管理实践 李小勇　著	对搭建集团化的企业很有帮助,务实,实用	最大的亮点不是理论,而是结合实际的深入剖析
	我的人力资源咨询笔记 张　伟　著	管理咨询师的视角,思考企业的HR管理	通过咨询师的眼睛对比很多企业,有启发
	本土化人力资源管理8大思维 周　剑　著	成熟HR理论,在本土中小企业实践中的探索和思考	对企业的现实困境有真切体会,有启发

续表

企业文化	**36个拿来就用的企业文化建设工具** 海融心胜　主编	数十个工具，为了方便拿来就用，每一个工具都严格按照工具属性、操作方法、案例解读划分，实用、好用	企业文化工作者的案头必备书，方法都在里面，简单易操作
	企业文化建设超级漫画版 邢　雷　著	以漫画的形式系统教你企业文化建设方法	轻松易懂好操作
	华夏基石方法：企业文化落地本土实践 王祥伍　谭俊峰　著	十年积累、原创方法、一线资料，和盘托出	在文化落地方面真正有洞察，有实操价值的书
	企业文化的逻辑 王祥伍　著	为什么企业之间如此不同，解开绩效背后的文化密码	少有的深刻，有品质，读起来很流畅
	企业文化激活沟通 宋杼宸　安　琪　著	透过新任HR总经理的眼睛，揭示出沟通与企业文化的关系	有实际指导作用的文化落地读本
	在组织中绽放自我：从专业化到职业化 朱仁健　王祥伍　著	个人如何融入组织，组织如何助力个人成长	帮助企业员工快速认同并投入到组织中去，为企业发展贡献力量
	企业文化定位·落地一本通 王明胤　著	把高深枯燥的专业理论创建成一套系统化、实操化、简单化的企业文化缔造方法	对企业文化不了解，不会做？有这一本从概念到实操，就够了
生产管理	**精益思维：中国精益如何落地** 刘承元　著	笔者二十余年企业经营和咨询管理的经验总结	中国企业需要灵活运用精益思维，推动经营要素与管理机制的有机结合，推动企业管理向前发展
	300张现场图看懂精益5S管理 乐　涛　编著	5S现场实操详解	案例图解，易懂易学
	高员工流失率下的精益生产 余伟辉　著	中国的精益生产必须面对和解决高员工流失率问题	确实来源于本土的工厂车间，很务实
	车间人员管理那些事儿 岑立聪　著	车间人员管理中处理各种“疑难杂症”的经验和方法	基层车间管理者最闹心、头疼的事，‘打包’解决
	1. 欧博心法：好管理靠修行 **2. 欧博心法：好工厂这样管** 曾　伟　著	他是本土最大的制造业管理咨询机构创始人，他从400多个项目、上万家企业实践中锤炼出的欧博心法	中小制造型企业，一定会有很强的共鸣
	欧博工厂案例1：生产计划管控对话录 **欧博工厂案例2：品质技术改善对话录** **欧博工厂案例3：员工执行力提升对话录** 曾　伟　著	最典型的问题、最详尽的解析，工厂管理9大问题27个经典案例	没想到说得这么细，超出想象，案例很典型，照搬都可以了
	工厂管理实战工具 欧博企管　编著	以传统文化为核心的管理工具	适合中国工厂

续表

生产管理	**苦中得乐:管理者的第一堂必修课** 曾　伟　编著	曾伟与师傅大愿法师的对话,佛学与管理实践的碰撞,管理禅的修行之道	用佛学最高智慧看透管理
	比日本工厂更高效1:管理提升无极限 刘承元　著	指出制造型企业管理的六大积弊;颠覆流行的错误认知;掌握精益管理的精髓	每一个企业都有自己不同的问题,管理没有一剑封喉的秘笈,要从现场、现物、现实出发
	比日本工厂更高效2:超强经营力 刘承元　著	企业要获得持续盈利,就要开源和节流,即实现销售最大化,费用最小化	掌握提升工厂效率的全新方法
	比日本工厂更高效3:精益改善力的成功实践 刘承元　著	工厂全面改善系统有其独特的目的取向特征,着眼于企业经营体质(持续竞争力)的建设与提升	用持续改善力来飞速提升工厂的效率,高效率能够带来意想不到的高效益
	3A顾问精益实践1:IE与效率提升 党新民　苏迎斌　蓝旭日　著	系统的阐述了IE技术的来龙去脉以及操作方法	使员工与企业持续获利
	3A顾问精益实践2:JIT与精益改善 肖志军　党新民　著	只在需要的时候,按需要的量,生产所需的产品	提升工厂效率
	手把手教你做专业的生产经理 黄　娜　著	物流、信息流、资金流,让生产经理管理有抓手	从菜鸟到能把控全局
员工素质提升	**TTT培训师精进三部曲(上):深度改善现场培训效果** 廖信琳　著	现场把控不用慌,这里有妙招一用就灵	课程现场无论遇到什么样的情况都能游刃有余
	TTT培训师精进三部曲(中):构建最有价值的课程内容 廖信琳　著	这样做课程内容,学员有收获 培训师也有收获	优质的课程内容是树立个人品牌的保证
	TTT培训师精进三部曲(下):职业功力沉淀与修为提升 廖信琳　著	从内而外提升自己,职业的道路一帆风顺	走上职业TTT内训师的康庄大道
	培训师,如何让你的事业长青:自我管理的10项法则 廖信琳　著	建立了一套完整的培训师自我管理体系,为培训师的职业成长与发展提供有益的指引	培训师如何在自己的职业道路上越走越高,事业长青,一直有所收获与成长?本书将给你答案
	管理咨询师的第一本书:百万年薪 千万身价 熊亚柱　著	从问题出发,发现问题、分析问题、解决问题,让两眼一抹黑的新人快速成长	管理咨询师初入职场,让这本书开启百万年薪之路
	手把手教你做专业督导:专卖店、连锁店 熊亚柱　著	从督导的职能、作用,在工作中需要的专业技能、方法,都提供了详细的解读和训练办法,同时附有大量的表单工具	无论是店铺需要统一培训,还是个人想成为优秀的督导,有这一本就够了

续表

员工素质提升	**跟老板"偷师"学创业** 吴江萍　余晓雷　著	边学边干，边观察边成长，你也可以当老板	不同于其他类型的创业书，让你在工作中积累创业经验，一举成功
	销售轨迹：一位快消品营销总监的拼搏之路 秦国伟　著	本书讲述了一个普通销售员打拼成为跨国企业营销总监的真实奋斗历程	激励人心，给广大销售员以力量和鼓舞
	在组织中绽放自我：从专业化到职业化 朱仁健　王祥伍　著	个人如何融入组织，组织如何助力个人成长	帮助企业员工快速认同并投入到组织中去，为企业发展贡献力量
	企业员工弟子规：用心做小事，成就大事业 贾同领　著	从传统文化《弟子规》中学习企业中为人处事的办法，从自身做起	点滴小事，修养自身，从自身的改善得到事业的提升
	手把手教你做顶尖企业内训师：TTT培训师宝典 熊亚柱　著	从课程研发到现场把控、个人提升都有涉及，易读易懂，内容丰富全面	想要做企业内训师的员工有福了，本书教你如何抓住关键，从入门到精通

营销类：把客户需求融入企业各环节，提供"客户认为"有价值的东西

	书名．作者	内容/特色	读者价值
营销模式	**精品营销战略** 杜建君　著	以精品理念为核心的精益战略和营销策略	用精品思维赢得高端市场
	变局下的营销模式升级 程绍珊　叶　宁　著	客户驱动模式、技术驱动模式、资源驱动模式	很多行业的营销模式被颠覆，调整的思路有了！
	卖轮子 科克斯【美】	小说版的营销学！营销理念巧妙贯穿其中，贵在既有趣，又有深度	经典、有趣！一个故事读懂营销精髓
	动销操盘：节奏掌控与社群时代新战法 朱志明　著	在社群时代把握好产品生产销售的节奏，解析动销的症结，寻找动销的规律与方法	都是易读易懂的干货！对动销方法的全面解析和操盘
	弱势品牌如何做营销 李政权　著	中小企业虽有品牌但没名气，营销照样能做的有声有色	没有丰富的实操经验，写不出这么具体、详实的案例和步骤，很有启发
	老板如何管营销 史贤龙　著	高段位营销16招，好学好用	老板能看，营销人也能看
	洞察人性的营销战术：沈坤教你28式 沈　坤　著	28个匪夷所思的营销怪招令人拍案叫绝，涉及商业竞争的方方面面，大部分战术可以直接应用到企业营销中	各种谋略得益于作者的横向思维方式，将其操作过的案例结合其中，提供的战术对读者有参考价值
	动销：产品是如何畅销起来的 吴江萍　余晓雷　著	真真切切告诉你，产品究竟怎么才能卖出去	击中痛点，提供方法，你值得拥有
	1000铁杆女粉丝 张兵武　著	连接是女性与生俱来的特质。能善用连接的营销人员，就像拿到打开女性荷包的钥匙	重新认识女性的传播力量
	360°谈营销：一位营销咨询师20年实战洞察 王清华　古怀亮　著	各个角度，全方位，多视点剥营销	思路单一，此书帮你破

续表

销售	**资深大客户经理:策略准,执行狠** 叶敦明　著	从业务开发、发起攻势、关系培育、职业成长四个方面,详述了大客户营销的精髓	满满的全是干货
	成为资深的销售经理:B2B、工业品 陆和平　著	围绕"销售管理的六个关键控制点"一一展开,提供销售管理的专业、高效方法	方法和技术接地气,拿来就用,从销售员成长为经理不再犯难
	销售是门专业活:B2B、工业品 陆和平　著	销售流程就应该跟着客户的采购流程和关注点的变化向前推进,将一个完整的销售过程分成十个阶段,提供具体方法	销售不是请客吃饭拉关系,是个专业的活计!方法在手,走遍天下不愁
	向高层销售:与决策者有效打交道 贺兵一　著	一套完整有效的销售策略	有工具,有方法,有案例,通俗易懂
	卖轮子 科克斯　【美】	小说版的营销学!营销理念巧妙贯穿其中,贵在既有趣,又有深度	经典、有趣!一个故事读懂营销精髓
	学话术　卖产品 张小虎　著	分析常见的顾客异议,将优秀的话术模块化	让普通导购员也能成为销售精英
组织和团队	**升级你的营销组织** 程绍珊　吴越舟　著	用"有机性"的营销组织替代"营销能人",营销团队变成"铁营盘"	营销队伍最难管,程老师不愧是营销第1操盘手,步骤方法都很成熟
	用数字解放营销人 黄润霖　著	通过量化帮助营销人员提高工作效率	作者很用心,很好的常备工具书
	成为优秀的快消品区域经理(升级版) 伯建新　著	用"怎么办"分析区域经理的工作关键点,增加30%全新内容,更贴近环境变化	可以作为区域经理的"速成催化器"
	成为资深的销售经理:B2B、工业品 陆和平　著	围绕"销售管理的六个关键控制点"一一展开,提供销售管理的专业、高效方法	方法和技术接地气,拿来就用,从销售员成长为经理不再犯难
	一位销售经理的工作心得 蒋　军　著	一线营销管理人员想提升业绩却无从下手时,可以看看这本书	一线的真实感悟
	快消品营销:一位销售经理的工作心得2 蒋　军　著	快消品、食品饮料营销的经验之谈,重点突出	来源于实战的精华总结
	销售轨迹:一位快消品营销总监的拼搏之路 秦国伟　著	本书讲述了一个普通销售员打拼成为跨国企业营销总监的真实奋斗历程	激励人心,给广大销售员以力量和鼓舞
	用营销计划锁定胜局:用数字解放营销人2 黄润霖　著	全方位教你怎么做好营销计划,好学好用真简单	照搬套用就行,做营销计划再也不头痛
	快消品营销人的第一本书:从入门到精通 刘　雷　伯建新　著	快消行业必读书,从入门到专业	深入细致,易学易懂

续表

产品	**产品研发管理实战** 任彭枞　编著	产品研发管理体系全指导	既有工具,又能开拓思路
	新产品开发管理,就用 IPD 郭富才　著	10 年 IPD 研发管理咨询总结,国内首部 IPD 专业著作	一本书掌握 IPD 管理精髓
	资深项目经理这样做新产品开发管理 秦海林　著	以 IPD 为思想,系统讲解新产品开管理的细节	提供管理思路和实用工具
	产品炼金术Ⅰ:如何打造畅销产品 史贤龙　著	满足不同阶段、不同体量、不同行业企业对产品的完整需求	必须具备的思维和方法,避免在产品问题上走弯路
	产品炼金术Ⅱ:如何用产品驱动企业成长 史贤龙　著	做好产品、关注产品的品质,就是企业成功的第一步	必须具备的思维和方法,避免在产品问题上走弯路
品牌	**中小企业如何建品牌** 梁小平　著	中小企业建品牌的入门读本,通俗、易懂	对建品牌有了一个整体框架
	采纳方法:破解本土营销 8 大难题 朱玉童　编著	全面、系统、案例丰富、图文并茂	希望在品牌营销方面有所突破的人,应该看看
	中国品牌营销十三战法 朱玉童　编著	采纳 20 年来的品牌策划方法,同时配有大量的案例	众包方式写作,丰富案例给人启发,极具价值
	今后这样做品牌:移动互联时代的品牌营销策略 蒋　军　著	与移动互联紧密结合,告诉你老方法还能不能用,新方法怎么用	今后这样做品牌就对了
	中小企业如何打造区域强势品牌 吴　之　著	帮助区域的中小企业打造自身品牌,如何在强壮自身的基础上往外拓展	梳理误区,系统思考品牌问题,切实符合中小区域品牌的自身特点进行阐述
渠道通路	**快消品营销与渠道管理** 谭长春　著	将快消品标杆企业渠道管理的经验和方法分享出来	可口可乐、华润的一些具体的渠道管理经验,实战
	传统行业如何用网络拿订单 张　进　著	给老板看的第一本网络营销书	适合不懂网络技术的经营决策者看
	采纳方法:化解渠道冲突 朱玉童　编著	系统剖析渠道冲突,21 个渠道冲突案例、情景式讲解,37 篇讲义	系统、全面
	学话术　卖产品 张小虎　著	分析常见的顾客异议,将优秀的话术模块化	让普通导购员也能成为销售精英
	向高层销售:与决策者有效打交道 贺兵一　著	一套完整有效的销售策略	有工具,有方法,有案例,通俗易懂
	通路精耕操作全解:快消品 20 年实战精华 周　俊　陈小龙　著	通路精耕的详细全解,每一步的具体操作方法和表单全部无保留提供	康师傅二十年的经验和精华,实践证明的最有效方法,教你如何主宰通路

续表

管理者读的文史哲·生活			
	书名. 作者	内容/特色	读者价值
思想·文化	德鲁克管理思想解读 罗　珉　著	用独特视角和研究方法，对德鲁克的管理理论进行了深度解读与剖析	不仅是摘引和粗浅分析，还是作者多年深入研究的成果，非常可贵
	德鲁克与他的论敌们：马斯洛、戴明、彼得斯 罗　珉　著	几位大师之间的论战和思想碰撞令人受益匪浅	对大师们的观点和著作进行了大量的理论加工，去伪存真、去粗存精，同时有自己独特的体系深度
	德鲁克管理学 张远凤　著	本书以德鲁克管理思想的发展为线索，从一个侧面展示了20世纪管理学的发展历程	通俗易懂，脉络清晰
	王阳明"万物一体"论：从"身－体"的立场看（修订版） 陈立胜　著	以身体哲学分析王阳明思想中的"仁"与"乐"	进一步了解传统文化，了解王阳明的思想
	自我与世界：以问题为中心的现象学运动研究 陈立胜　著	以问题为中心，对现象学运动中的"意向性""自我""他人""身体"及"世界"各核心议题之思想史背景与内在发展理路进行深入细致的分析	深入了解现象学中的几个主要问题
	作为身体哲学的中国古代哲学 张再林　著	上篇为中国古代身体哲学理论体系奠基性部分，下篇对由"上篇"所开出的中国身体哲学理论体系的进一步的阐发和拓展	了解什么是真正原生态意义上的中国哲学，把中国传统哲学与西方传统哲学加以严格区别
	中西哲学的歧异与会通 张再林　著	本书以一种现代解释学的方法，对中国传统哲学内在本质尝试一种全新的和全方位的解读	发掘出掩埋在古老传统形式下的现代特质和活的生命，在此基础上揭示中西哲学"你中有我，我中有你"之旨
	治论：中国古代管理思想 张再林　著	本书主要从儒、法墨三家阐述中国古代管理思想	看人本主义的管理理论如何不留斧痕地克服似乎无法调解的存在于人类社会行为与社会组织中的种种两难和对立
	车过麻城 再晤李贽 张再林　著	系统全面而又简明扼要地展示了李贽独到的学术眼力和超拔的理论建树	帮助读者重新认识李贽的思想
	中国古代政治制度（修订版）上：皇帝制度与中央政府 刘文瑞　著	全面论证了古代皇帝制度的形成和演变的历程	有助于读者从政治制度角度了解中国国情的历史渊源
	中国古代政治制度（修订版）下：地方体制与官僚制度 刘文瑞　著	全面论证了古代地方政府的发展演变过程	有助于读者从政治制度角度了解中国国情的历史渊源

续表

思想·文化	**中国思想文化十八讲(修订版)** 张茂泽　著	中国古代的宗教思想文化,如对祖先崇拜、儒家天命观、中国古代关于"神"的讨论等	宗教文化和人生信仰或信念紧密相联,在文化转型时期学习和研究中国宗教文化就有特别的现实意义
	史幼波《大学》讲记 史幼波　著	用儒释道的观点阐释大学的深刻思想	一本书读懂传统文化经典
	史幼波《周子通书》《太极图说》讲记 史幼波　著	把形而上的宇宙、天地,与形而下的社会、人生、经济、文化等融合在一起	将儒家的一整套学修系统融合起来
	史幼波《中庸》讲记(上下册) 史幼波　著	全面、深入浅出地揭示儒家中庸文化的真谛	儒释道三家思想融会贯通
	梁涛讲《孟子》之万章篇 梁　涛　著	《万章》主要记录孟子与万章的对话,涉及孝道、亲情、友情、出仕为官等	作者的解读能帮助读者更好地理解孟子及儒学
	两晋南北朝十二讲(修订版) 李文才　著	作为一本普及性读物,作者尊重史实,运用"历史心理学"的叙事方法,分12个专题对两晋南北朝的历史进行阐述	让读者轻松了解两晋南北朝的历史
	每个中国人身上的春秋基因 史贤龙　著	春秋368年(公元前770－公元前403年),每一个中国人都可以在这段时期的历史中找到自己的祖先,看到真实发生的事件,同时也看到自己	长情商、识人心
	与《老子》一起思考:德篇 史贤龙　著	打通文史,回归哲慧,纵贯古今,放眼中外,妙语迭出,在当今的老子读本中别具一格	深读有深读的回味,浅尝有浅尝的机敏,可给读者不同的启发
	说服天下:《鬼谷子》的中国沟通术 翟玉忠　著	由内圣而外王,从心力的培育到具体的说服理论,再到生动的说服案例	从商业到军事再到日常生活,沟通说服已经变得越来越重要
	郑子太极拳理拳法 杨竣雄　著	走进郑子太极拳完整训练体系的大门,随着书中另一主角——师父的课程安排与每日功课的练习	当您学完这套书后,在掌握拳架的同时具备诸多正确的太极理念与系统知识
	内功太极拳训练教程 王铁仁　编著	杨式(内功)太极拳(俗称老六路)的详细介绍及具体修炼方法,身心的一次升华	书中含有大量图解并有相关视频供读者同步学习
	中医治心脏病 马宝琳　著	引用众多真实案例,客观真实地讲述了中西医对于心脏病的认识及治疗方法	看完这本书,能为您节约10万元医药费